KB018850

몽 골

MONGOLIA

앨런 샌더스 지음 · 김수진 옮김

세계의 **풍습과 문화**가 궁금한
이들을 위한 **필수 안내서**

★ 세계 문화 ★
여행

몽골
MONGOLIA

시그마북스
Sigma Books

세계 문화 여행 _ 몽골

발행일 2017년 10월 23일 초판 1쇄 발행
2021년 11월 15일 초판 2쇄 발행
지은이 앨런 샌더스
옮긴이 김수진
발행인 강학경
발행처 시그마북스
마케팅 정제용
에디터 장민정, 최윤정, 최연정
디자인 김문배, 강경희

등록번호 제10-965호
주소 서울특별시 영등포구 양평로 22길 21 선유도코오롱디지털타워 A402호
전자우편 sigmabooks@spress.co.kr
홈페이지 http://www.sigmabooks.co.kr
전화 (02) 2062-5288~9
팩시밀리 (02) 323-4197
ISBN 978-89-8445-914-4 (04900)
978-89-8445-911-3 (세트)

CULTURE SMART! MONGOLIA
Copyright ⓒ 2017 Kuperard Publishing an imprint of Bravo Ltd.
First published in Great Britain by Kuperard Publishing an imprint of Bravo Ltd.
Korean language edition published by SigmaBooks Copyright ⓒ 2017

Images on the following pages reproduced under Creative Commons Attribution-Share Alike 4.0 International license: 46
ⓒ Arabsalam; 95, 96, 150, 183, 190 ⓒ Photo: Hons084 / Wikimedia Commons /; 179 ⓒ "John Stampfl"; 185 ⓒ Chinneeb;
198 ⓒ PIERRE ANDRE LECLERCQ; 214 ⓒ Anand.orkhon. Reproduced under Creative Commons Attribution-Share Alike
3.0 Unported license: 14 ⓒ Altaihunters; 29 ⓒ Steffen Wurzel; 51, 72, 105, 117 ⓒ Chinneeb; 84 ⓒ JoelPatto; 119, 207
ⓒ Yaan; 167 ⓒ Mizu_Basyo; 173 ⓒ Harald Krichel; 176 ⓒ Аркадий Зарубин; 191 ⓒ Taylor Weidman/The Vanishing.
Cultures Project; 223 ⓒ Shoyuramen. Under Creative Commons Attribution-Share Alike 2.5 Generic license: 170 ⓒ Eric
Pouhier. Under Creative Commons Attribution-Share Alike 2.0 Generic license: 15, 189 ⓒ Alastair Rae from London; United
Kingdom: 18 ⓒ П. Филатов; 59 ⓒ A. Omer Karamollaoglu from Ankara, Turkey; 74 ⓒ yeowatzup from Katlenburg-Lindau,
Gemany; 85 ⓒ One Laptop per Child; 98 ⓒ Al Jazeera English; 111 ⓒ Mario Carvajal from Bogotá, Colombia; 112 ⓒ S
Pakhrin from DC, USA; 143 ⓒ Francisco Anzola; 212 ⓒ Clay Gilliland from Chandler, U.S.A.; 257 ⓒ mikeemesser. GNU Free
Documentation License, Version 1.2: 202 ⓒ Konstantin Nikiforov. Page 93 ⓒ president.mn

이 책의 한국어판 저작권은 Kuperard Publishing an imprint of Bravo Ltd.와 독점 계약한 시그마북스가 소유합니다.
저작권법에 의하여 한국 내에서 보호를 받는 저작물이므로 무단전재와 무단복제를 금합니다.

파본은 구매하신 서점에서 교환해드립니다.

* 시그마북스는 ㈜시그마프레스의 자매회사로 일반 단행본 전문 출판사입니다.

몽골전도

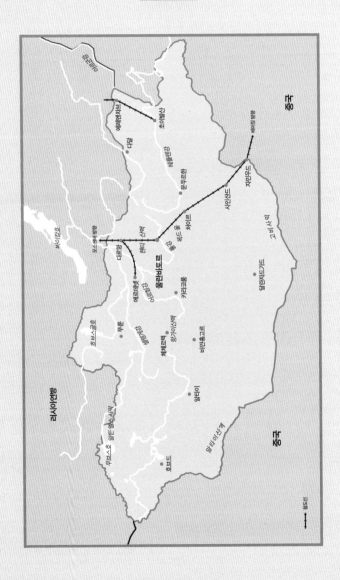

차   례

09   의사소통하기

07   여행, 보건, 그리고 안전

08   비즈니스 현황

몽골은 아시아 한복판에서 중국과 러시아라는 두 강대국 사이에 샌드위치처럼 끼어 있다. 칭기즈칸 제국의 해체 이후 수세기 동안 이 땅은 번갈아가며 두 이웃 국가의 통치 아래에 놓였다. 하지만 1990년대에 몽골은 소비에트의 사회주의를 버리고 민주주의로 전향했다. 영웅적인 과거 역사에 대한 자긍심이 강한 몽골 국민은 이제 그들의 국가 문화유산을 재건하고 있다. 크렘린에 의해 장악되었던 70여 년 동안 그들은 학교, 병원, 공장, 주거를 얻었지만, 자유, 역사, 종교, 문자를 잃었다. 오늘날 몽골은 여전히 상당한 영향력을 미치고 있는 그들의 '영원한 이웃 국가들'과 균형을 유지하기 위해 노력 중이다. 동시에 '제3의 이웃'인 미국, 유럽, 일본과의 유대를 강화하고 있다. 시장경제로 전환하는 과정에 있는 몽골은 선구자의 땅이다. 이 나라의 가장 위대한 자산은 바로 친화력 있고 교육을 잘 받은 야망 있는 몽골 국민이다. 몽골의 제1외국어는 한때 러시아어였으나 지금은 영어다. 몽골의 비즈니스 지도자들은 국제적 파트너십을 통해, 풍부한 자원을 보유하고 있지만 인프라가 취약한 자국을 발전시키려 노력 중이다. 자유선거로 선출된 의회는 연이어 연정을 구성하여, 합의와 지속 가능한 성장을 통해 빈곤과 불평등을 종식시키겠다는 목표를 향해 나아가고 있다.

마치 그림과 같은 산과 호수, 융단처럼 펼쳐진 꽃밭으로 덮여 있는 초원과 암석사막, 눈표범과 야생마, 낙타, 고비 곰의 서식지를 구경하기 위해 세계 곳곳에서 온 여행객들이 이곳 '푸른 하늘의 나라'를 찾는다. 가축 무리를 방목하며 전통적인 유목생활을 하는 광활한 목초지대의 삶은 분주한 몽골의 수도, 울란바토르의 거리와는 현저하게 대조를 이룬다. 울란바토르는 100만 명이 넘는 인구, 현대적인 빌딩과 상점으로 북적이는 도시다. 이곳에서는 불교 수도원과 사원을 곳곳에서 볼 수 있으며, 전통 펠트 텐트에서 거주하는 주민들이 밀집한 교외 지역이 도시를 둘러싸고 있다. 뉴스를 통해 흔히 접할 수는 없지만 민주주의와 현대화를 향해 꾸준히 진보하고 있는 몽골. 이 책에서는 이 나라와 민족에 대한 깊은 이해를 갖추고 있는 전문가의 생생한 통찰과 유용한 팁을 제공한다.

몽골 키릴 알파벳의 영문 표기법은 통일된 것이 없다. 이 책에 나온 몽골어 단어 대부분은 영어식 발음에 따라 표기되어 있다. 나머지 경우에는 일반적으로 *ch*는 church처럼, *e* = den, *g* = golf, *j* = jewel, *kh* = loch, *o* = hot, *ö* = yearn, *ts* = cats, *u* = awful, *ü* = put, *z* = adze처럼 발음하면 된다. 전이음 혹은 y음 뒤에 오는 모음의 경우에는 *ya* = yard, *ye* = yearn, *yo* = yodel, *yu* = you, *yü* = yurt처럼 발음한다. *aa, ee, oo, öö, uu, üü* 같은 이중모음은 강세가 있는 장음이다. *v* 표기는 v와 w의 중간 발음인데, 예외적으로 *govi*는 영문으로는 gobi로 표기된다.

수도명 울란바토르는 키릴어 철자법을 바탕으로 해서 Ulaanbaatar로 표기되는 경우도 많은데, 발음은 두 번째와 세 번째 음절에 강세를 두어 'Oolahnbarter'로 한다. 칭기즈칸의 전통적인 영문 표기는 Genghis Khan이지만, 몽골어 발음에는 Chingis가 더 가깝다(첫음절에 강세). 변형된 표기인 Chinggis Khaan은 몽골 위구르 문자에서 파생된 것이다. 'Gengis(/g/ 발음)'로 표기하는 것은 피해야 한다. Khan은 지위를 가리키는 단어이지 성(姓)이 아니다.

기본 정보

공식 명칭	몽골(Mongolia)	몽골인민공화국, 1924~1992년
수도	울란바토르(울란바타르)	인구: 130만 명
주요 도시	에르데넷, 다르항	인구: 10만 명, 7만 5000명
인구	306만 8243명(2017년 현재) 72% 도시, 28% 시골 거주	인구 밀도: 1.9명/km² 평균 가족 구성원 수: 3.7명
면적	156만 4116km² (대한민국의 약 15.6배)	동서: 2392km 남북: 1259km
민족 구성	할흐 몽골족: 82.4% 기타 몽골족: 9.9% 카자흐족: 3.9% 기타 민족: 3.8% (2010년 현재)	기타 민족 안에는 튀르크, 퉁구스족과 함께 주로 러시아인이거나 중국인인 몽골 거주 외국인 1만 6000명이 포함된다.
접경국	북쪽: 러시아 동, 서, 남: 중국	몽골은 내륙 국가이다. 주요 하천은 북쪽으로 흐른다.
기후	겨울: 길고 추우며 건조함 여름: 짧고 따뜻하며 비가 내림	맑은 날이 길게 이어져서 방문하기 가장 좋은 시기는 6~9월이다.
국조(國鳥)	세이커 매, 이들렉 숀호르	매 사냥에 사용하는 거대한 매
성스러운 산	부르한할둔 (1512m)	도르너드 아이막, 다달 근처의 칭기즈칸 탄생지
국화(國花)	솔체꽃, 베르 체책	스텝지대에 사는 푸른빛의 작은 꽃
정부	선출직 대통령과 내각을 지명하는 단원제 입법부[대(大)후랄]로 구성된 공화국. 18세 이상 보통 선거권 행사	
성인 문맹퇴치율	도시: 98.3% 시골: 96.3%(2010년 현재)	대학 졸업예정자: 3만 7243명(2013년)
언어	할흐 몽골어가 공용어이다. 몽골 북서부는 카자흐어가 널리 사용된다.	과거에는 러시아어가 제2외국어였으나 현재는 영어이다. 하지만 둘 다 시골에서는 잘 통하지 않는다.
종교	달라이 라마가 이끄는 라마교, 겔루파 불교(36.6%), 이슬람(2.1%), 샤머니즘(2%), 그리스도교(1.5%)	몽골은 1924~1990년 동안 공산당의 통치를 받으면서 일체의 종교 활동이 금지되고 무신론이 장려되었다.
연령 구조	0~14세: 26.95% 15~64세: 68.76% 65세 이상: 4.29%	출생 시 기대수명 남성: 65.4세, 여성: 75세

1인당 GDP	103억 달러(2017년 현재)	물가상승률: 11%(2014년 현재)
통화	투그릭(MNT)	100투그릭＝46원(2017년 9월 현재)
전압	220V, 50Hz	두 갈래 플러그
비디오/TV	PAL	2016년까지 디지털화 완료
인터넷 도메인	.mn이나 .gov.mn	기업체는 .com, .org, .net 사용
전화	국가번호: 976 일반전화용 울란바토르 지역번호: 11, 21, 51 8자리 휴대폰 번호와는 사용하지 않음	국외로 전화할 때는 상대 국가번호 앞에 00을 먼저 누른다.
시간대	울란바토르, 중부, 동부 지역: GMT + 8시간(한국보다 1시간 느림)	최서단 3개 도(道): GMT + 7시간

01

영토와 국민

몽골은 중앙아시아 내륙에 있는 독립국가로 북으로는 러시아, 동, 서, 남으로는 중국과 국경을 접하고 있다. 몽골은 세계에서 여덟 번째로 넓은 영토를 가진 국가이지만, 인구는 300만 명에 불과하여 인구 밀도는 $1km^2$당 두 명이 채 못 된다. 해발 1350m에 위치한 수도 울란바토르의 인구는 130만 명이다.

지리적 특징

몽골은 중앙아시아 내륙에 있는 독립국가로 북위 41도와 52도, 동경 88도와 120도 사이에 위치한다. 북으로는 러시아(러시아연방)와 3543km에 걸쳐 국경을 접하고 있으며, 동, 서, 남으로는 중국(중화인민공화국)과의 접경 지역이 4709km에 이른다. 156만 4116km²에 달하는 면적을 지닌 몽골은 세계에서 여덟 번째로 넓은 영토를 가진 국가이지만, 인구는 300만 명에 불과하여 인구 밀도는 1km²당 두 명이 채 못 된다. 해발 1350m에 위치한 수도 울란바토르의 인구는 130만 명이다.

북서쪽 접경지대와 중앙 고원은 산악지형이며, 남동쪽은 평지로 대부분 초원지대인 스텝과 고비*, 혹은 자갈로 이루어진 반†사막지대로 이루어져 있다. 최고점은 몽골 알타이산맥에 속한 타왕복드(성스러운 다섯)산에 있는 높이 4374m의 휘이텐Khüiten('춥다'는 뜻) 봉으로, 서부지역에서 중국과 러시아와의 접경 지역이 만나는 지점에 있다. 최저점은 동부 초원지대에 있는 호흐누르 호수(해발 532m)이다. 가장 넓은 호수는 서부와 북부에 있는 우브스호(3376km²)와 흐브스글호(2738km²)이다. 길이 1213km로 몽골에서 가장 긴 강으로 꼽히는 헤를렌강은 북부

---

* 몽골어로 '풀이 잘 자라지 않는 거친 땅', 즉 사막이라는 뜻 – 옮긴이

에 있는 헨티산맥에서 발원하여 동쪽으로 방향을 틀어서 중국 네이멍구 지역을 통과하여 러시아와 중국의 국경을 이루는 아무르강[중국에서는 헤이룽강(흑룡강)이라고 부름]의 지류인 아르군강과 만난다. 길이 1124km의 어르헝강은 항가이산맥에서 발원하여 북쪽으로 흘러가서 러시아 접경 근처에 있는 셀렝게강과 합류하여 바이칼호로 흘러 들어간다.

대부분 시베리아 낙엽송으로 이루어진 삼림지대는 국토의 약 8%에 해당하는데, 주로 북부 산악 경사지대에 분포해 있다. 사막과 고비지역은 36% 정도를 차지하지만 모래언덕은 극히 드물다. 고비 메사* 지역은 공룡 화석과 알이 많이 발견되는 곳이다. 우브스호 동쪽에 있는 알탄 엘스(황금 모래) 사막은 세계에서 가장 북단에 위치한 사막이다. 국토의 55%를 차지하는 스텝지대는 대부분의 유목민이 거주하는 곳이다. 이들은 게르, 혹은 격자로 된 벽에 펠트를 씌운 둥근 천막 가옥에서 생활하면서 양, 염소, 소, 말, 낙타(2014년 말 현재 5200만 두)를 방목한다.

몽골은 대륙성 기후답게 겨울이 길고 추우며 여름은 짧고

---

* 깎아질 듯한 벼랑에 꼭대기가 평평한 언덕 - 옮긴이

덥다. 울란바토르의 1월 평균 기온은 -40도이며 7월 평균 기온은 17도다. 봄에는 바람이 많이 불고 황사가 많으며, 여름에는 폭우로 하천이 범람하기도 한다. 겨울에는 설빙이 목초지를 덮는 경우도 생겨서 방목을 할 수 없다. 따라서 가축은 다른 지역으로 이동시키거나 비상용 사료를 먹이지 않으면 굶어 죽을 수 있다.

국민

【 몽골족 】

칭기즈칸은 1206년에 튀르크와 퉁구스의 '펠트 천막 민족'을 몽골 민족으로 통합했다. '영원한 푸른 하늘'(76쪽의 '텡그리즘' 참조)을 믿었던 그는 그의 백성을 '푸른 몽골 민족'이라고 불렀다. 이들은 엉덩이에 푸른 반점(후흐 톨보)을 가지고 태어나는데 이는 일본인과 한국인에게도 나타난다. 이후 몽골제국이 붕괴된 뒤, 몽골의 중심 지역은 중국의 만주 정복자들이 세운 청 제국에 병합되어 남부 몽골 영토는 네이멍구로, 북부는 외몽골이 되었다. 한편 시베리아로 영토를 확장한 러시아는 바이칼호

주변에 살던 부랴트족을 차르의 통치 아래에 복속시켰다. 오이라트족 또는 서몽골족은 정치 권력으로서는 청나라에 의해 와해되었지만, 지금도 독특한 문화 공동체로 남아 있다. 칼미크족은 중국의 청나라를 피해 러시아로 이주하여 카스피해 주변의 스텝지대를 차지했다. 외몽골은 1921년에 러시아의 지배 하에 들어간 반면, 네이멍구는 중국의 일부로 남았다. 전 세계에 있는 몽골 인구는 900만 명으로 추산되는데, 몽골 국내보다는 국외에 거주하는 인구가 더 많다. 중국의 네이멍구 자치

구역에 거주하는 몽골 인구만 따져도 몽골 국내 인구보다 많지만, 이들은 중국의 한족 가운데에서 소수민족을 이루고 있을 뿐이다. 오늘날 몽골 국내에 살고 있는 대부분의 몽골인은 할흐족으로, 전체 인구의 82.4%를 차지한다(2010년 현재). 몽골에서 가장 큰 소수민족은 북서 지방에 거주하는 되르뵈드족(2.8%)과 러시아 접경을 따라 살고 있는 부랴트족(1.7%)이다.

【카자흐족】

19세기에 알타이산맥에 있는 중국과의 접경지대에서 유목생활을 하던 카자흐족은 몽골 서부 지방으로 이주한다. 이곳에서 이들은 바얀올기 주에서는 주류민족을, 인접한 호브드와 우브스주에서는 상당한 세력이 있는 소수민족을 이루고 있다. 카자흐족은 몽골 인구의 3.9%를 차지하고 있다(2010년 현재). 카자흐족 일부는 자신들이 칭기즈칸의 장자인 주치ﺍﻟ의 후손이라고 주장한다. '약탈자'라는 뜻의 카자흐라는 말은 14세기에 유래한 것으로, 러시아어 코사크*의 어원이기도 하다. 20세기에 몽골의 카자흐족은 닐나이흐와 다르항에 있는 석탄 광산

---

* 러시아어로 카자흐스탄 사람을 뜻함 – 옮긴이

에서 일했다. 바얀올기에 거주하는 많은 카자흐족은 목동이며 일부는 매 사냥꾼이다.

1990년에 몽골에 민주주의가 도래한 이후, 카자흐족 수천 명이 카자흐스탄으로 이주했으나 훗날 이들 중 많은 사람이 다시 돌아왔다. 몽골의 카자흐족은 카자흐스탄의 카자흐족과 같은 알타이어 방언을 사용한다. 하지만 카자흐스탄에서는 이들의 말하는 방식이나 관습을 거의 이해하지 못했고, 이 때문에 이들이 카자흐스탄에 동화되기가 어려웠다.

몽골의 튀르크 소수민족으로는 우브스도道에 거주하는 호톤족이 있는데, 이들은 아마도 위구르 혈통으로 보인다. 또한 흐브스글 호수 지역에서 순록 유목을 하는 탄누 우리안하이족이나 두카족도 소수민족에 포함되는데, 이들은 인접하고 있는 러시아 연방의 투바 공화국에 사는 투바족과 동족이다.

【언어】

몽골의 공용어는 몽골어인데, 인구의 80%는 몽골어의 할흐 방언을 사용한다. 다른 방언들은 인접한 국가들에서 사용되고 있다. 몽골어는 우랄-알타이어족에 속하며, 중앙아시아에 위치한 공화국 일부, 터키에서 사용하는 튀르크어파와 매우 유사하다. 수세기를 거치는 동안 몽골어는 티베트어, 중국어, 러시아어 용어를 흡수했다.

특이하게도 몽골어 안에는 두 가지 문자가 있다. 몽골 키릴 문자는 제2차 세계대전 이후 일상적으로 사용할 용도로 채택했다. 이보다 먼저 사용되었던 음절문자*인 '위구르' 문자는 칭기즈칸이 도입한 것으로 세로쓰기를 한다. 이 문자는 소비에트 지배를 받는 기간 동안 사용이 금지되었으나, 1990년에 민주주의가 탄생한 이후 부활했다. 제2차 세계대전 이후 몽골의 '사회주의 건설 시기에 몽골의 제2언어는 러시아어였기 때문에 당시에는 모든 학교가 러시아어를 가르쳤다. 반면 오늘날 몽골에서 선호하는 외국어는 영어다.

카자흐어는 몽골에서 공용어가 아니기 때문에 몽골에 사는 카자흐족은 정부 기관과 접촉할 때 몽골어를 사용해야 한다. 몽골어와 문자에 대한 간략한 설명은 246쪽을 참조하기 바란다.

---

* 한 글자가 한 음절에 대응되는 문자 체계-옮긴이

간략한 역사

【건국】

2011년 몽골의 엘벡도르지 대통령은 기원전 209년 묵돌선우의 훈족 국가 천명 2220주년 기념일을 몽골의 '건국' 기념일로 선포했다. 이후 훈족(흉노족)은 몽골의 선조로 간주되고 있다. 이에 대해서는 몽골 북부에서 발견된 고고학 자료에 대부분 의존하고 있다. 훈족 국가는 서기 4세기에 붕괴되었고, 6~7세기 사이에는 튀르크족이 오늘날의 몽골 지역을 지배했다. 룬문자로 쓴 문장에는 튀르크족이 왕과 장군을 추모하는 내용이 담겨 있다. 이들의 뒤를 이은 위구르족(744~840년)은 어르헝 계곡에 수도를 정하고 중국 당나라의 동맹이 되었다. 그 후 위구르족을 쫓아낸 유목민족 예니세이 키르기스족을 920년에 거란족이 다시 몰아냈다. 중국화한 몽골족인 거란족은 요 왕조(947~1125년)를 세웠다. 요나라는 만주족의 친족인 퉁구스 계통의 여진족에 의해 멸망했고, 여진족은 금(황금)나라를 세우고 북중국을 지배했다(1115~1234년). 금 왕조에서 전해 내려온 기록에 따르면 초기 몽골 국가를 몽골국이라고 불렀다. 아마도 이는 카불 칸*이 이끌었고 이후 1160년에 붕괴된 (몽골의 모든 부족

연합체인) 하막 몽골을 가리키는 것으로 보인다.

【몽골제국】

칭기즈칸의 정복 활동은 1207년에 중국 북부의 서하(탕구트 왕조)를 침략하는 것으로 시작되었다. 인접국이었던 티베트는 조공을 바치기로 합의했기에 침략을 면했다. 칭기즈칸은 금나라의 수도였던 카이핑(혹은 개평)을 함락하고(1215년), 호라즘을 침략했으며(1219년), 부하라와 사마르칸트를 약탈하고(1220년), 그루지야(조지아)와 크림반도를 침략했으며(1221년), 도네츠크 근처에 있는 칼카강에서 러시아 기사들을 궤멸시켰다(1223년). 그는 몽골로 돌아온 뒤 다시 서협西峽을 정벌하다가 1227년에 그곳에서 전사했다. 그 후 그의 시신은 몽골로 이송되어 비밀리에 매장되었다.

칭기즈칸은 국회(쿠릴타이)를 열고 원로 사령관들의 자문을 받았다. 쿠릴타이는 칭기즈칸 사후에는 귀족의 평의회로 유지되면서 신임 통치자를 지명하는 역할을 했다. 칭기즈칸의 후계자인 제2대 칸은 그의 셋째 아들 오고타이에게 돌아갔다. 그

---

* 몽골 부족 최초의 칸으로 칭기즈칸의 증조부 – 옮긴이

는 카라코룸을 몽골의 도읍으로 삼았다. 칭기즈칸이 죽자 티베트는 공물을 바치던 것을 그만두었고, 이에 따라 1240년에 오고타이 칸의 아들 쿠덴(고단)의 침략을 받았다. 그는 티베트 '붉은 모자' 사키아파의 수도원장이었던 사키아 판디타를 몽골의 종교 고문으로 초빙하여 '후원자 – 승려' 관계를 구축했다. 그는 1244년에 티베트 접경의 코코노르 호수(칭하이호)에 있던 쿠덴의 진영으로 갔으나, 이들 두 사람은 1247년에야 란저우에서 만났다. 사키아 판디타는 1251년에 세상을 떠났고 그의 유해는 칭하이 호수 근처에 있는 백탑사에 보존되어 있다. 중화인민공화국은 이를 두고 티베트가 중국의 사법권 관할하에 있다는 증거라고 주장하고 있다.

오고타이 칸의 통치 기간 동안 칭기즈칸의 손자 바투 칸이 블라디미르를 비롯한 러시아 도시들을 파괴했고, 1240년 12월에 키예프를 포위하여 성벽을 무너뜨리고 주민들을 대량 학살했다. 바투는 이르티시강에서 볼가강에 이르는 넓은 영토와 코카서스 일대를 지배했다. 그의 울루스(속령屬領)는 칸이 머물던 황금 천막 궁전에서 이름을 따와 '황금 군단'이라고 불렸다. 1243년에 그는 현재의 아스트라한 근처 아흐투바강 연안에 사라이-바투를 울루스의 수도로 세웠다.

1241년에 오고타이가 사망한 후에는 미망인이 된 그의 아내가 5년간 섭정을 맡았다. 그의 큰 아들 귀위크는 1246년에 3대 대칸으로 천명되었다. 그런데 바투가 이를 인정하기를 거부하자 귀위크는 몽골을 떠나 바투와 대결하러 나섰고, 가는 길에 사마르칸트에서 죽음을 맞았다. 그의 뒤를 이어 1251년에 그의 사촌 몽케가 4대 대칸의 자리에 올랐다. 몽케의 동생 훌라구는 이란을 정복하고, 암살단파의 요새를 포위했으며, 1258년에 바그다드를 함락하고, 아바스 왕조를 무너뜨렸다. 몽케의 또 다른 동생 쿠빌라이는 코코노르에서 쿠덴의 후계자가 되어 사키아 판디타의 조카 파스파 라마를 초대하여 새로운 '후원자-승려' 관계를 맺었다. 1254년에 파스파 라마는 티베트를 통치하는 최고 권력자 지위를 부여받았다.

몽케 칸은 중국에서 송나라(960~1279년) 군대와 맞서 싸우다가 전사했고, 이후 쿠빌라이 칸이 송나라를 전복시켰다. 쿠빌라이는 카라코룸에 근거지를 둔 막냇동생 아리크부카와의 후계자 싸움에서 승리한 후 몽케의 뒤를 이어 5대 대칸이 되었다. 카이펑에 있던 쿠빌라이의 근거지는 상도(위에 있는 수도)라는 새 이름을 얻고 돌론노르(둬룬) 근처에 있는 여름 수도가 되었다. 1267년에 쿠빌라이는 중도(중간에 있는 수도)로 천도하고 이곳을 대도(위대한 수도)라고 이름 붙였는데, 이곳이 바로 오늘날의 베이징이다. 마르코 폴로는 이곳을 캄발루크 또는 '칸의 도시'라고 불렀다. 1276년에 몽골 군대는 남중국에서 이른바 남송 왕조(1127~1276년)의 황제를 억류하고 왕조를 무너뜨렸다. 그 후 몽골군은 1277년에 버마를 침략했다. 하지만 1274년에 있

었던 쿠빌라이 칸의 1차 일본 원정은 실패로 끝났고, 1281년 두 번째 원정을 위해 고려에 집합한 함대는 태풍으로 인해 산산조각이 났다. 쿠빌라이 칸은 1280년에 스스로를 원 왕조의 황제 세조로 천명했다.

원나라는 중국을 지배한 최초의 외국 왕조로 기록된다. 이후 쿠빌라이 칸은 1294년에 사망했다.

원나라의 마지막 황제 토곤 테무르 칸은 명나라 황제 태조에 의해 1368년에 베이징에서 쫓겨난 후, 네이멍구에서 사망한다. 그의 아들이 카라코룸에서 왕위에 올랐으나 1380년에 명나라 군대의 공격을 받아 궤멸한다. 1360년에 절름발이 티무르(테멀레인)가 몽골제국을 재건하기 위해 사마르칸트에서 일어나 이란, 메소포타미아, 호라즘을 점령하고, 1398년에 인도

를 침략한 후, 1402년에 오스만제국으로부터 앙카라를 빼앗았
다. 그는 1406년에 명나라 원정 중에 세상을 떠났다. 몽골군을
진압하기 위한 명나라의 투쟁은 3대 황제 영락제(재위 1403~1424
년) 때에도 계속되었다. 러시아의 드미트리 '돈스코이' 대공
은 1380년에 쿨리코보 전투에서 황금 군단을 격파한다. 이를
계기로 러시아의 대공들은 조공을 바치던 것을 그만두었고
1480년에는 이반 3세가 황금 군단을 러시아 땅에서 몰아냈다.

· 칭기즈칸, 그는 누구인가 ·

쥐띠 해(1228년)에 완성된 것으로 추정되는 『몽골비사(Secret History of the
Mongols)』는 칭기즈칸의 생애를 역사적 사실과 전설을 버무려서 기술한 몽골에서 가장 오래된 기록물로 알려져 있다. 1872년 중국의 베이징에서 러시아 정교회 선교사가 중국의 한자로 기록된 몽골어본을 발견했다. 몽골 문자로 기록된 『몽골비사』 원본은 발견된 것이 없지만, 원본 이후에 기록된 발췌본은 존재한다. 『몽골비사』에서는 칭기즈칸의 선조를 부르테 치노와 구아 마랄, 즉 늑대와 사슴(혹은 이런 이름으로 불린 부족)이라고 기록하고, 여러 세대에 걸쳐 에피소드를 소개하고 있다. 이에 따르면 칭기즈칸은 '영원한 하늘이 부여한 운명'에 따라 몽골족장 예수게이의 아들로 태어났다. 예수게이는 자신이 제압한 타타르족 적장의 이름을 따서 아들을 테무진(대장장이)이라고 불렀다. 역사가들은 그의 출생연도를 1162년으로 기록하고 있지만 음력을 사용한 탓에 정확한 날짜는 출처에 따라 조금씩 다르다. 결국 그의 출생일은 겨울이 시작하는 첫 달(11월) 초하루로 간주되어 현재 이날을 그의 탄생일로 기념하고 있다.

테무진이 8세가 되었을 때 그의 아버지는 타타르족에 의해 독살되고, 그와 어머니, 어린 남동생들은 가문에서 버림받는다. 『몽골비사』는 어린 나이에 살아남는 법과 동맹을 맺는 법을 터득한 바 있는 테무진이 군사 전술과 정치적 외교력을 갖추게 되는 과정을 들려준다. 1189년에 테무진은 몽골 민족 전체의 칸이 되었음을 선포하고, 1206년에 '펠트 텐트 민족'을 통일한 후에는 전능함 또는 '세상의 지배자'라는 의미를 지닌 칭기즈칸 칭호를 채택한다.

칭기즈칸 군대에 정복된 나라들의 역사가들은 몽골 민족의 파괴력과 군사 기술, 고대 도시 약탈 행위, 끔찍한 인명 피해를 강조하는 경향이 있었다. 가령, 당대의 페르시아 역사가 라시드 알 딘에 따르면 칭기즈칸이 정의하는 '최고의 기쁨'이란 "적을 격파하여 내 앞에 끌고 와서 그들의 물건을 빼앗고, 그들의 소중한 이들이 눈물을 흘리는 것을 확인하고, 그들의 아내와 딸을 품에 안는 것"이라고 했다고 한다.

반면, 『몽골비사』에서는 칭기즈칸을 세심한 전략가, 빈틈없는 정치인, 위대한 지도자이자 입법자로 묘사한다. 그의 통치법은 충성을 요구했지만 예외적인 경우도 허락되었다. 구소련의 지원하에 이어진 사회주의 정권의 통치가 막을 내린 후, 이제 칭기즈칸은 다시 국가적 영웅으로 숭배받게 되었다. 몽골의 수도 중심에 있는 광장에 그의 이름이 붙여졌으며, 이곳에 몽골에서 가장 큰

그의 동상이 세워졌다. 동상 위의 칭기즈칸은 갑옷으로 무장한 채 말을 타고 있는 것이 아니라 왕좌에 앉아 있는 모습으로 그려졌다.

뿐만 아니라 칭기즈칸은 유머 감각까지 지녔던 것 같다. 전해지는 바에 따르면 그는 "사내가 한 달에 두 번 이상 술에 취하면 처벌받아 마땅하다. 한 달에 딱 두 번 술에 취한다면 그보다는 낫다. 만약 한 달에 한 번만 취한다면 칭찬받을 만한 일이다. 물론 전혀 술을 입에 대지 않는다면 최고 아니겠는가? 하지만 술을 입에 대지 않는 사내가 세상에 어디 있겠는가?"라고 했다고 한다.

【 만주제국 】

투메트 몽골 부족의 알탄 칸은 명나라와 화친을 맺고 1554년에 벽에 붙은 반짝이는 타일을 보고 네이멍구에 '푸른 도시'라는 뜻의 호호트를 수도로 세웠다. 1559년에 그는 코코노르 몽골 원정을 떠났다. 티베트에서는 '황모파 yellow hat'라고 불리는 겔루파가 설립되어 있었다. 알탄 칸은 1578년에 세라 사원의 수장을 코코노르로 초청하여 만났다. 그는 '황모파'로 개종하고 겔루파의 수장에게 '달라이 라마'라는 호칭을 수여했다. 두 사람은 각자 쿠빌라이 칸과 파스파 라마의 환생이라는 데 의견의 일치를 보았다. 이렇게 해서 겔루파의 수장은 3대 달라이 라마가 되었는데, 그보다 앞서서 이미 두 번의 환생이 있었기 때문이다.

러시아의 동방정벌에 따라 코사크 민족은 시베리아에 있는 강들을 따라 동쪽으로 이주했다. 그러면서 토볼스크(1587년), 크라스노야르스크(1627년), 이르쿠츠크(1661년)를 세우고 바이칼호에까지 진출했다. 그러는 동안 북중국에서는 만주의 대칸 누르하치가 1625년에 무크덴(선양)에 도읍을 세웠고, 그의 후계자 홍타이지가 1636년에 국호를 청으로 정했다. 몽골의 마지막 대칸인 차하르 부족의 링단 칸은 명과 함께 만주족에 대항하기 위해 동맹을 결성하기도 전에 1634년에 사망했다. 만주족은 아무르강 북쪽의 동시베리아를 침입한 러시아와 맞서 싸워서 1685년에 러시아의 알바진 요새를 격파했다. 1689년에는 양국의 동쪽 지역 국경이 네르친스크에서 합의되었다. 네르친스크 조약은 중국 통치자가 체결한 최초의 조약이다. 만주족은 1636년에 몽골 남부(네이멍구)를 장악했다.

칭기즈칸의 후손인 몽골 할흐족 투세트 칸의 아들 자나바자르는 승려이자 학자이며 예술가였다. 그는 다섯 살이던 1639년에 티베트의 학자 자브잔담바의 환생으로 인정받았다.

그는 '운두르 게겐(고도로 깨달음을 얻은 자)'이라는 직위를 받아들이고 티베트를 방문하여 달라이 라마와 판첸 라마를 만났다. 부족을 통합하던 대칸의 존재가 없어지면서 1687년에 오이라트족이 할흐족을 공격하자, 운두르 게겐은 만주족의 보호를 받을 것을 권고한다. 1691년에 돌론노르에서 청나라의 강희황제가 할흐족의 충성 서약을 받아들이면서 이들의 영토가 외몽골이 되었다. 몽골족은 그들이 맺은 청과의 관계를 동맹이라고 여겼지만, 만주족은 일단 오이라트족의 공격에 제동이 걸리자 몽골을 그들의 군사-행정 체제 안에 흡수해버렸다. 즉, 몽골의 법 대신 만주의 법을 채택하고 울리아스타이와 호브드에 만주족 총독을 주둔시킨 것이다. 뿐만 아니라 몽골의 대 러시아 교역도 금지되었다. 1727년에 캬흐타에서 러시아와 청이 국경 조약을 체결하는데, 이는 청이 몽골과 우리안하이(투바)를 통치했음을 확인해주는 증거가 된다.

자나바자르의 이동식 궁전(우르구)은 1706년에 이동식 대사원(이흐 후레)으로 이름이 바뀌었고, 이 사원은 1778년에 툴 계곡에 자리를 잡았다. 이 두 이름 모두 '수도'라는 뜻으로 사용되었다. 최초의 정착형 사원 건물은 1837년에 현재 몽골의 수도 울란바토르가 위치한 곳에 건립되었다. 몽골 민족은 탐욕

스러운 군주와 교역상의 탄압을 받고 빈곤하게 살았으며, 잔인한 형벌을 받고 목제 상자 안에 감금되거나 칼(나무로 만든 무거운 형구)이 채워졌다. 청의 통치는 태평천국의 난(1851년)과 의화단 운동(1900년), 외세의 간섭, 반란, 봉기로 인해 세력이 약해지더니 와해되었다.

【 몽골 자치주 】

1911년 12월, 8대 운두르 게겐이 몽골의 복드 칸(성왕聖王)으로 선포되어 몽골의 독립을 선언하지만, 외세의 호응을 얻는 데는 실패한다. 이흐 후레는 니스렐 후레(수도 사원)로 도시명을 바꾼다. 중국의 위안 스카이 장군은 중국의 대총통에 오른 후 네이멍구의 통치권을 다시 장악했다. 외몽골은 1912년에 러시아와 조약을 체결하고 1913~1914년에 남난수렌 총리가 러시아를 방문한다. 몽골과 티베트는 상호인정조약을 체결한다. 1913년 러시아와 중국 간에 체결된 조약에 의해 외몽골은 내정에 대

한 자치권을 획득했지만, 1915년의 캬흐타 3자 조약에 따라 중국의 종주권을 인정할 것을 강요받았다. 소비에트 러시아 정부는 1919년에 복드 칸을 인정하지만, 중국 군대가 몽골을 침략하면서 또 다시 중궁의 통치 아래에 놓이게 된다.

1920년 4월, 몽골 혁명 세력은 세를 규합하여 러시아의 트로이츠코사브스크(캬흐타)에서 몽골인민당을 창당한다. 러시아 볼셰비키당과 접촉이 있었으나 1920년 10월, 로만 폰 운게른 슈텐베르크 남작이 이끈 러시아 백위군이 치타 지역에서 몽골 동부로 침입하여 중국을 니슬렐 후레에서 몰아내고 복드 칸을 복권시킨다.

【 몽골 혁명 】

1921년 캬흐타에서 개최된 몽골인민당 1차 전당대회 결과, 임시정부가 수립되어 통일, 자유, 자치, 러시아 및 중국의 혁명당들과의 우호를 선포한다. 소비에트 군대의 지원을 받은 몽골 기갑 부대가 니슬렐 후레를 수복한다(7월 11일). 운게른은 체포되어 볼셰비키 법정에서 '무장 반혁명' 죄로 유죄판결을 받은 뒤, 노보니콜라예프스크(노보시비르스크)에서 처형되었다. 혁명 지도자 보두와 수흐바타르는 각기 총리와 총사령관이 되었다. 군 정치 위원이었던 초이발산은 혁명 청년 연맹의 지도자가 되었다. 복드 칸은 즉위하기는 했으나 권력이 제한되었다. 레닌은 모스크바에서 몽골 대표단을 만났고, 그 결과 1921년 11월에 몽골-소비에트 사이에 최초로 조  약이 체결되었다. 양국 정부가 양측을 각국의 유일한 합법 정부로 인정한다는 내용의 조약이었다. 레닌은 몽골에게 '비자본주의적 발전의 길'을 따르도록 종용했다.

보두는 '반혁명 행위'라는 죄목으로 1922년 8월에 총살되었으며, 수흐바타르는 1923년 2월에 사망했다. 1923년 7월에 개최된 몽골인민당 전당대회에서는 소비에트 러시아와의 우호 관계를 강화해야 한다는 주장이 제기되었다. 5월에 복드 칸이 사망하자 그의 환생을 찾는 행위가 금지되었다. 1924년 8월의 인민당 3차 전당대회는 '자본주의를 우회하는' 레닌의 길을 따랐다. 또한 당명에 '혁명'이라는 단어가 추가되었다. 이 전당대회 기간 중에 '부르주아의 이익을 대변'하고 소비에트와의 우호 관계에 '악영향을 끼쳤다'는 이유로 부총리였던 단잔이 처형되었다. 그는 혁명당의 최고 지도자 중 한 사람으로서 1921년

11월에 레닌과 함께 몽골 - 소비에트 우호조약에 서명했던 장본인일뿐더러, 1921~1923년까지는 재무상, 1923~1924년까지는 총사령관직을 맡았던 인물이었는데도 처형의 칼끝을 피하지 못했다. 초이발산은 러시아에서 군사훈련을 받은 뒤 총사령관이 되었다. 그해 11월, 국회 격인 대\후랄에서는 최초의 헌법을 채택하고 나라 이름을 몽골인민공화국이라고 붙였다. 니슬렐 후레는 '붉은 영웅'의 도시라는 뜻을 지닌 울란바토르로 이름이 바뀌었다. 몽골은 1926년에 투바 인민공화국과 우호조약을 맺으면서 볼셰비키 러시아에 합류했다.

【 스탈린주의를 향해 】

1926년 몽골인민혁명당은 제5차 전당대회에서 사유재산을 국유화했다. 또한 자본주의를 고취시키고 소련과의 관계를 약화시키며 코민테른에 반대했다는 이유로 '우파'를 비판했다. 1928년 몽골인민혁명당 제7차 전당대회에서는 '우파 기회주의자들'을 몰아냈으며, 1929년에는 당의 새 지도자들이 사찰 소유 재산을 공적으로 수용하고 목동들에게 코뮌 공동체 생활을 강요했다. 이에 따라 전국의 사찰에서 '반혁명 봉기'가 일어났고, 목동들은 키우던 가축을 도살했다. 1932년 5월, 코민테

른과 소비에트 공산당이 내정에 개입하여 몽골인민혁명당에 '좌편향주의자들'을 축출할 것을 지시하고, 그 결과 몽골인민 혁명당은 온건한 방향으로의 '새로운 전향'을 선포한다.

　이후로는 초이발산의 전성시대가 펼쳐졌다. 그는 1935~1939년까지는 국무위원회 제1부의장, 1936~1940년 사이에는 내무상이 되었다. 1937~1939년까지 이어진 숙청 기간 동안 '반혁명' 또는 일본을 위한 '간첩활동'이라는 날조된 죄목으로 약 3만 명이 체포되었고 그들 대부분이 총살당했다. 희생자들은 묘비 없이 무덤에 대량으로 매장되었다. 불교 성직자들은 울란바토르 중앙광장에 있는 녹색 돔 극장에서 '여론 조작용 공개재판'의 대상이 되었다. 몽골의 총리를 지냈던 겐덴

(1932~1936년)과 아마르(1936~1939년)는 NKVD(소비에트 비밀경찰)에 체포되어 모스크바에서 재판에 넘겨진 뒤 총살되었다.

【 국제사회의 승인 】

1932년, 일본은 중국 일부 지역을 점령하여 중국 북서부와 네이멍구에 만주국이라는 괴뢰 국가를 세운다. 초이발산은 1937년에 전쟁부 장관에 임명된다. 1939년 7월, 일본 군대가 몽골 동부를 침략하나 패하여 후퇴한다. 하지만 곧 지원 병력을 보강한다. 그해 8월, 할힌 골(노몬한)에서는 기갑 부대와 공군 병력까지 동원된 치열한 전투가 벌어진다. 이 전투에서 일본-만주국 군대는 주코프 장군이 이끌던 몽골-소비에트 부대에 대패하고, 그 결과 휴전 협정이 맺어진다.

몽골은 나치 독일에게 선전포고를 하지는 않지만, 1943년부터 금 300kg, 10만 달러, 말, 가축, 육류, 군복을 소비에트 전쟁물자로 지원했다. 또한 T-34 탱크 32대와 La-5 파이터 군용기 12대의 비용을 댔다. 1944년에 소련은 투바 '인민공화국'을 러시아의 행정구역으로 편입시켰다.

1945년 얄타 회의에서 루스벨트 대통령과 처칠 수상, 스탈린 원수(아직 대원수 지위에 오르기 전으로, 이 계급은 승전 후에 수여되었다)가 만나, 미국과 영국이 몽골의 현 상태를 수용하는 대가로 소련이 일본과의 전쟁에 참전하기로 합의한다. 1945년 8월, 몽골군은 소련 적군이 중국 북동부를 침략하는 데 동참한다. 중화민국은 몽골에서 국민투표를 실시하기로 한 얄타 합의를 수용한다. 1945년 10월에 실시된 국민투표에서 몽골 국민은 독립에 100% 찬성표를 던졌고, 이에 따라 중화민국은 1946년 1월에 몽골인민공화국을 승인한다.

1949년에 중화인민공화국이 선포되면서 스탈린이 중화인민공화국을 승인하자 몽골도 이를 따른다. 1961년 10월, 몇 차례 실패를 경험한 후 몽골인민공화국은 유엔에 가입한다. 1963년에 몽골과 수교한 영국은 몽골과 외교적 관계를 수립한 최초의 서유럽 국가가 되었다.

1953년에 스탈린이 사망한 후, 제1서기였던 흐루시초프는 1956년 전당대회에서 스탈린 격하 연설을 한다. 이후 수상이었던 말렌코프는 벽지의 수력발전소장으로, 그의 협력자였던 외무상 몰로토프는 몽골 대사로 좌천되었다. 그리고 공산주의 운동의 주도권을 둘러싼 소련과 중화인민공화국 사이의 갈등이 커지더니 대립 국면에 이르게 된다. 1950년대 말부터 마오쩌둥은 스탈린 사후 소련의 마르크스주의-레닌주의에 대한 해석에 직접적으로 반기를 들었고, 결국 공산주의 운동 진영은 양분된다. 다원주의가 이들 간의 관계를 지배하는 특징으로 떠오른 것이다. 즉, 각국의 공산당은 소비에트 모델을 맹종하기보다는 자국에 적합한 공산주의의 길이 무엇인지 스스로 가장 잘 판단할 수 있다는 주장이다.

소련은 중화인민공화국의 침략을 경계했고, 그 일환으로 소비에트 당 지도자 브레주네프가 1966년에 울란바토르를 방문하여 새로운 몽골-소비에트 조약을 체결한다. 이 조약에는 비밀 부속 사항이 포함되어 있었는데, 중국의 '위협'에 대한 대응으로서 몽골에 소련군의 주둔을 허용한다는 내용이었다. 1969년, 우수리강 연안에서 소련과 중화인민공화국은 국경을 넘어 교전을 벌인다. 1971년, 마오쩌둥의 '후계자로 예상되었던' 린 퍄오는 그가 탑승하고 있던 군 수송기가 몽골에서 추락하면서 사망한다. 그 후 1970년대 내내 국경을 둘러싼 긴장이 계속되고, 몽골에 거주하던 많은 중국인이 추방된다. 중국 당국이 네이멍구의 내부 경계선을 수정함에 따라 몽골인들은 국경 지역에서 철수하게 된다.

1970년대 초, 브레주네프는 서방과의 데탕트, 즉 긴장 완화의 물꼬를 트기 시작한다. 1976년 9월, 마오쩌둥 주석이 사망한다. 1979년, 중국은 소련을 '수정주의자'로 부르던 것을 중단하고, 1984년부터 소련의 위험에 대한 경계를 낮추기 시작한다. 1986년, 신임 소비에트 지도자 고르바초프가 블라디보스토크에서 아시아-태평양 안보에 관한 연설을 하던 중에 몽골 주둔 소련군 철수 문제가 논의 중에 있다고 밝힌다. 이후 중국 지도자들이 몽골의 독립과 영토 보전을 인정하면서 양국 간의 관계가 정상화된다. 미국은 1978년에 중화인민공화국을 승인하고 1987년 1월에 몽골과 외교 관계를 수립한다.

[러시아화]

1952년에 초이발산 총리의 후계자가 된 체덴발 몽골인민혁명당 서기장은 1962년에 칭기즈칸이 탄생한 곳에 기념물을 세우는 등 칭기즈칸 탄생 800주년을 공식적으로 기념할 것을 명한다. 소련의 공산당 기관지 〈프라우다(Pravda)〉가 "러시아를 굴복시켰던 몽골-타타르 제국"을 비난하자, 몽골 중앙정치국은 칭기즈칸 탄생을 기념하는 행위를 금지하고 그 담당자를 해고한다(하지만 기념물은 그 시절을 겪은 후 지금도 여전히 건재하고 있다).

　1974년, 체덴발이 국가수반이 된다. 러시아인 아내를 두었던 그는 브레주네프와 좋은 관계를 유지했으며 브레주네프의

허세를 따라했다. 그는 1944년에 스탈린으로부터 그의 첫 레닌 훈장을 받은 바 있는데, 1976년에 60세 생일을 맞아 브레주네프가 다시 한 번 레닌 훈장을 수여한다. 체덴발은 스스로 군 장성으로 진급하고 1979년에 과거 초이발산이 사용했던 직책인 원수 직책을 자신에게 수여한다. 1981년 3월, 몽골 우주인 구르라그차가 소비에트의 살류트-6 우주정거장에서 8일간 우주 생활을 한다. 체덴발은 그를 몽골인민공화국의 영웅으로 만들고 그와 영광을 나누었다. 1981년 12월, 체덴발은 몽골인민혁명당 내부의 '잡초 근절' 캠페인을 시작하여, 과학학술원 원장을 해임한다.

1984년 8월, 체덴발이 모스크바에 체류하는 동안 몽골 중앙정치국은 '건강상의 이유로 그의 동의하에' 그를 당 서기장과 국가수반 직위에서 해제한다고 발표한다. 그는 몽골의 '경기 침체'에 대한 책임을 지고 당적과 훈장을 박탈당하고 모스크바로 망명한 후 그곳에서 1991년에 사망한다. 그의 묘는 울란바토르에 있다. 한편, 바가반디 대통령과 몽골인민혁명당이 체덴발의 명예를 회복시키려고 하자, 전임 대통령이었던 오치르바트는 다음과 같이 비평했다. "체덴발의 복권은 정당하게 복권된 자들(희생자들)의 이름에 다시 한 번 먹칠을 하는 일이 될 수 있다."

[민주주의의 탄생]

1960년 헌법하에서 몽골인민혁명당은 '사회 지도 세력'의 위치에 있었다. 하지만 동유럽에서 시작된 사회운동에 고무된 몽골 학생들은 1989년에 '비공식적인' 정치 그룹을 결성하기 시작한다. 체덴발의 후계자 밧몽크는 고르바초프의 페레스트로이카 정책을 따르려 노력하지만, 몽골인민혁명당 원로 당원들이 '극단적 민족주의'에 대해 우려를 표한다. 칭기즈칸과 몽골의 역사에 대한 관심이 새롭게 고조되었고, 몽골-소련의 관계를 재평가해야 한다는 국민적 요구가 일었기 때문이다. 베를린 장벽이 무너진 후, 몽골 학생들은 몽골인민혁명당 지도부에 사임을 요구했다. 중앙정치국은 국립 도서관 외부에 있던 스탈린 동상을 철거할 것을 명하면서 시위대를 진정시키려고 했으나, 결국 1990년 3월에 사임한다. 대후랄이 '지도 세력'이라는 부분이 헌법에서 삭제되고, 정당 활동이 합법화되며, 공안 부처가 철폐되었다. 이후 추가적인 개헌을 통해 임시방편으로 대후랄을 확대하여 선출직 의원 430명으로 구성되게 하고, 상설 입법기관으로 소후랄을 설립했다. 소후랄은 비례대표로 뽑힌

의원 50명으로 구성되는데, 민주당과 민주당에 협력하는 의원들이 소후랄에서 19석을 차지했다.

정부와 정치

【 신헌법 】

1992년 1월에 채택된 몽골의 4차 개헌 헌법은 인권을 가장 우선시했다. 또한 4년 임기의 의석 76석으로 구성된 대후랄을 새로운 국회로 세웠다. 6월에 치러진 선거 결과, 57% 득표한 몽골인민혁명당이 71석을 차지했고, 반 몽골인민혁명당 연맹이 40% 득표율로 5석을 획득했다. 1993년 대선에서는 오치르바트 후보가 당선되어 몽골 최초의 직선 대통령이 되었다. 1996년 총선인 대후랄 선거에서는 민족민주당과 사회민주당 연합이 압승했으나, 다시 2000년 선거에서는 몽골인민혁명당이 72석을 차지했다.

2004년 대후랄 총선 결과는 거의 접전이었다. 이에 따라 몽골인민혁명당과 조국당-민주당 연합은 엘벡도르지 총리가 이끄는 연립정부를 결성했다. 그 후 2008년 대후랄 총선에서 몽골인민혁명당이 승리하자 일부 군중이 몽골인민혁명당 당사를 방화하는 사태가 벌어진다. 그 결과 울란바토르에는 국가비상사태와 통행 금지령이 선포되었다. 9월에 몽골인민혁명당은 민주당과 '공동' 정부를 구성했다.

【 대통령 】

몽골 대통령은 4년 임기로, 직접선거로 선출되며 재선을 통해 한 번 더 연임이 가능하다. 대통령 후보는 45세 이상의 몽골 시민권자로 정당의 공천을 받은 자여야 한다. 하지만 일단 대통령에 선출되면 당적은 정지되며 모든 시민의 권리를 보호하겠다는 서약을 한다. 대통령은 군통수권자이며, 대후랄 국회의장과 총리, 대통령으로 구성된 국가안보회의의 의장이다. 대통령에게는 입법 작업을 착수시키는 권한이 있다. 그래서 2009년 6월에 당선된 엘벡도르지 대통령은 2010년 초에 사형제가 폐지될 때까지 사형 집행을 중지시킨다는 발표를 하기도 했다. 그는 2013년에 재선에 성공했다. 그의 취임식은 칭기즈칸 동상 앞에서 대중을 앞에 두고 거행되었다.

【의회 】

대후랄의 의원을 선출하는 방식은 처음에는 26개 선거구에서 다수의 의원을 선출하는 대선거구제를 채택했으나, 후에는 76개 선거구에서 한 명의 의원만 뽑는 소선거구제로 바뀌었다. 2012년에는 부분적으로 비례대표제가 도입되어서 정당 명부에 따라 28개 의석을 분배했다. 전자투표 기계도 도입되었다. 현재(2016년 기준) 몽골에 존재하는 22개 정당 가운데 5개 정당이 의회에 진출해 있다. 다수당이나 연립정부가 정부를 구성한다.

1920년에 창당된 몽골에서 가장 역사가 깊은 정당인 몽골

인민당은 1925년에 '혁명'이라는 단어를 당명에 추가했으나, 2010년 11월에 몽골인민혁명당에서 몽골인민당으로 원래대로 다시 당명을 변경했다. 이는 탈당 후 새로운 몽골인민혁명당을 결성한 당원들에 대한 반발의 표시였다. 2012년부터 민주당은 신생 몽골인민혁명당과 민족민주당이 연합해서 만든 민의-녹색 정의당과 연립정부를 구성했다. 2014년 11월, 민주당은 연정 범위를 확대하여 몽골인민당과도 손을 잡음으로써, 무소속 의석 3석만이 '야당'으로 남게 되었다. 2004년 이후 구성된 모든 정부는 연립정부였다.

【 행정부 】

몽골은 수도권과 21개 도(아이막)로 나뉜다. 도는 다시 300여 개의 군(솜)으로 이루어져 있다. 울란바토르에는 9개 구(두우렉)가 있는데, 이중 3개 구는 독립적 지위를 누린다. '수도권 지사'가 울란바토르 시장을 겸한다. 지방 도지사는 도의회 선거에서 선출되어 총리의 지명을 받아 임명된다.

경제

【 서론 】

1세기 전, 라마나 귀족에 속하지 않은 몽골인들은 하므즐라가(농노)나 알밧(납세자)이었다. 이들은 군복무를 하거나 공식 연락원에게 제공되는 말 중계소에서 일했다. 가축을 소유하지 않은 자들은 다른 이들의 가축을 돌보았고, 포장마차를 가지고 여행을 하거나, 육체노동에 종사했다. 당시에는 외국인 소유 금광이 몇 군데 있었다. 최초의 공업 기업은 1921년 이후 소련에 의해 설립되었다. 당시에는 노동력과 생산력 규모가 작았고, 대부분의 수송은 말이 끄는 수레로 이루어졌다. 1930년대와 1940년대에 소련은 최초로 학교와 병원을 세웠다. 울란바토르는 행정 중심지로 발전했다. 이곳에는 건설 자재, 섬유, 도자기 등을 생산하는 국영기업들이 있었다. 소련 지질학자들은 몽골의 광물자원에 대해 대규모 연구를 수행했다. 날나이흐 석탄 탄광은 울란바토르로 이어지는 협궤철도를 갖추어 현대화되었다. 1949년에 코메콘이 설립되면서 동유럽 파트너들과의 경제재정협력과 상호원조가 촉진되었다.

1950년대와 1960년대에는 3대 주요 경제 계획, 즉 울란바토르 철도^{UBR} 건설, 몽골 최초의 신생 산업도시 다르항 건설, 에르데넷 구리 광산 건설 프로젝트가 시행되었다. 소련 정치범들의 노역으로 건설된 시베리아 횡단철도의 지선인 러시아 광궤철도 단선 노선이 1949년에 울란바토르에까지 확장되었다. 이 노선을 남쪽 국경과 베이징으로 확장하는 공사는 중국이 맡아서 1955년에 완공했다. 자민우드에는 화물 환적 센터가 있는데, 이곳에서 객차의 바퀴를 중국 표준 궤간에 맞는 것으로 교체한다. 몽골-러시아 합자회사인 UBR은 연간 약 2000만 메트릭톤의 화물을 운송하는데, 그 대부분이 석탄과 광물이다. 다르항은 1961년에 울란바토르 북쪽에 위치한 철로 선상에 설립되었으며, 샤린 골 석탄 탄광과 이어지는 지선도 갖고 있다. 다르항 공장에서는 건설 자재, 철 주물, 모직 섬유, 양탄자, 밀가루 그리고 기타 식품도 생산한다. 에르데넷으로 가는 교차로에 해당하는 살힛 근처에는 시멘트 공장이 있다. 에르데넷에 있는 소련-몽골이 합자한 구리 및 몰리브덴 광산에서는 2014년에 구리 2900만 미터톤을 생산했다.

【 사회주의를 우회하다 】

1990년, 몽골에 민주주의가 탄생한 이후, 몽골은 '자본주의를 우회'하는 대신 시장경제를 발전시키기로 한다. 가장 먼저 주택과 소규모 비즈니스 분야가 민영화되었다. 목축 협동조합과 국영 농장이 해체되어 가축 소유권이 민간의 손으로 넘어갔다. 2013년 현재, 전국적으로 79만 4100가구가 있으며, 이 중 14만 5300가구는 목축에 종사한다. 이중 대부분이 약 200 내지 300두의 가축을 보유하고 있다. 2002년에는 토지 소유에 관한 법률이 채택되었다.

1991년 초부터 소련은 몽골에게 무역 결제를 미국 달러로 하도록 했다. 1991년 8월, 소련이 해체되자, 양국 간 대부분의 경제협력 사업이 중단되었고, 몽골은 미국과 일본, 세계은행, 국제통화기금의 원조에 의존하게 되었다. 2003년 12월, 러시아는 몽골이 지고 있던 '큰 빚 덩이' 문제가 '해결'되었다고 발표했다. 1945년부터 1990년까지 소련이 몽골에 지원했던 원조금 2억 5000만 달러 중 98%를 러시아가 탕감해준 것이다. '최종 지불' 미상환금은 2009년에 결제되었다.

【 원조에서 투자로 】

새천년이 시작되면서 몽골의 풍부한 광물자원에 매력을 느낀 외국인들은 기존의 원조 기류에서 투자로 방향을 전환했다.

다국적 광산업체 리오 틴토가 개발한 오유톨고이 광산은 중국과의 국경 지역에 위치한 동·금 노천 채광 광산이다. 이 광산의 개발 덕분에 몽골의 구리 생산이 두 배 증가했다. 하지만 34%라는 오유톨고이 광산에 대한 몽골 정부의 소유권과 개발 비용, 세금 문제를 둘러싸고 다툼

이 벌어졌다. 이에 따라 기존 광산보다 더 풍부한 매장량을 지닌 지역의 개발이 지연되었다. 영리적 측면의 불확실성과 원자재 가격의 지속적인 하락으로 인해 몽골에 대한 FDI(외국인 직접투자)가 2012년에서 2014년 사이에 가파르게 감소했다.

몽골 정부가 소유한 타반톨고이 석탄 광산이 개발되면서 중국의 발전소와 산업에 투입해야 하는 막대한 석탄 수요를 충족시키는 데 일조하고 있다. 국제 석탄 가격이 하락한 이후, 타반톨고이 광산은 주요 고객인 중국 생산업체 찰코와 맺은 대출상환 관련 합의 사항을 준수하지 못하게 되었다(2015년). 그러는 동안 개발의 초점은 다시 농업과 관광 분야에 맞춰지게 되었다. 관광산업은 현재 크게 성장하고 있는 산업 분야이다. 2020년까지 몽골을 찾는 외국인 관광객 수가 연간 100만

명에 도달할 것으로 예측된다.

환경

몽골의 환경이 입고 있는 피해는 대부분 토양의 풍화와 사막화 때문이다. 그런데 이런 현상이 확산되는 것은 방풍림을 심음으로써 제한할 수 있다. 중국으로 석탄과 석유를 수출하는 경로는 12륜 트럭 수송에 의존하고 있다. 이 대형 트럭들은 스텝지역을 가로질러 배송지인 국경까지 달려가면서 포장도로가 깔리기 전까지는 지면을 마구 휘젓고 있는 실정이다. '녹색 벽' 프로그램에 따라 14개 도에 속한 89개 군에서 식목 사업이 실시되고 있다. 대개 광산 업체들은 그들이 훼손한 토양에 나무를 심고 토양 회복 작업에 착수한다. 소규모 수공업 형태의 채광 활동은 몽골의 환경에 해악을 끼칠 수 있다. '닌자'라고 불리는 프리랜서 채광업자들은 규제도 받지 않은 채 영리만 따져서 금광을 파헤치고 있다. 또한 여기 저기 구멍을 파고 강물을 오염시키고 물줄기의 방향을 바꾸는 등 동식물의 삶의 터전을 파괴하고 있다.

【오염】

울란바토르에서는 주거 부족으로 인해 무허가 주택이 급속도로 확산되었고 식수, 전력, 하수도 시설에 대한 수요를 충족시키지 못했을 뿐만 아니라 교통 체증과 배기가스 문제를 양산했다. 도시에 있는 발전소에서 발생한 스모그는 수만 명의 게르 거주자들이 난방과 음식 조리를 위해 값싼 석탄을 태우면서 상황이 더 악화된 실정이다. 쓰레기 수거는 무계획적으로 이루어지는 경향이 있으며, 쓰레기와 건설 폐기물은 아무 데나 버려지고 있다. 대부분의 시골에서는 깊이 파인 타이어 자국이 남아 길이 만들어졌는데, 이 길을 따라 바퀴, 폐타이어, 기타 자동차 부품들이 함부로 버려져 있다. 삼림지역에서는 땔감으로 쓰기 위해 불법 벌목이 횡행하고 있다.

【동물 보호와 사냥】

울란바토르 남쪽에 있는 복드칸산은 1778년부터 공식적으로 보호되고 있다고 한다. 고비사막은 1975년에 엄격한 보호지역으로 등록되었으며, 그 뒤를 이어 흐브스글 호수와 같은 국립환경보존공원과 자연보호구역들이 1995년에 보호지역으로 지정되었다. 환경부에서는 멸종 위기에 처한 동식물종 보호에 관한 『몽골 레드북(Red Book of Mongolia)』을 발간하고 있다. 직업 사냥꾼에게는 여우, 담비, 다람쥐를 비롯한 모피 동물을 사냥하고 매를 아랍권으로 판매하는 행위가 허용된다. 아이벡스, 산양, 사슴, 멧돼지, 늑대와 같은 승인된 종의 경우, 외국인 사냥꾼들에게 연간 소규모 쿼터로 사냥이 허가된다.

02

가치관과
사고방식

몽골제국은 더 이상 존재하지 않지만, 몽골 국민은 칭기즈칸을 국가적 영웅으로 복권시켰다. 칭기즈칸이라는 걸출한 정치 지도자를 계속 숭배하는 이유는 과거 공산주의 시대에 대한 향수를 지니고 있는 구세대 때문이다. 어느 역사가가 말했듯, "오직 미래만이 확실할 뿐, 과거는 늘 바뀌는 법"이다. 울란바토르에 있는 스탈린과 레닌 기념물은 이제 모두 사라지고 없다.

몽골 국민이 가슴에 품고 있는 미래에 대한 희망과 소망은 그들이 중요하게 여기는 전통적인 가치와 밀접하게 연결되어 있다. 가정과 부족에 충실하고, 연장자와 종교를 존중하는 등의 가치 말이다. 하지만 소련의 영향하에 있었던 '사회주의 건설' 시기(1921~1990년)에는 이러한 가치들의 기반이 약화되는 경험을 했다. 압도적인 불교 사회인 몽골은 이 시기 동안 새로운 공산주의 통치자들에 의해 오래된 신앙을 포기하고 새로운 가치를 받아들이도록 강요받았다. 이 새로운 가치들 가운데에는 무신론과 1당 독재에 대한 선전, 러시아와의 동맹 등이 총망라되어 있었다. 뿐만 아니라 당시 몽골에는 프롤레타리아 계급이 존재하지 않았음에도 마르크스주의의 프롤레타리아 독재 원칙마저 강요되었다. 러시아인들은 몽골인들에게 보드카를 마시는 것도 가르쳤다.

몽골 인구는 (교육을 받고, 주거가 있으며, 임금 소득이 있는) 도시 인구와 (교육받지 못하고, 유목생활을 하며, 가축 수로 재산 규모를 가늠하는) 시골 인구로 나눌 수 있다. 사람들은 세계가 관심을 가지고 있는 몽골의 풍부한 광물자원에서 부가 창출되기를 희망한다. 하지만 국가는 자체적으로 여기에 투자할 재원이 거의 없는 상황이다. 그렇다고 외국인들이 국가 자원을 '훔쳐가도록' 허락하기에도 주저되는 실정이다. 이 같은 태도는 사회주의 시기의 반서구적 정서를 반영한다. 그러나 몽골제국이 침략 전쟁을 벌이던 시대에 군대의 사령관들은 가족과 주거, 가축을 이끌고 진군하던 장교나 부하들과 전리품을 나누었다. 따라서 그들끼리 부를 분배하는 행위는 전통적으로 이루어지던 것이다.

하지만 역사와 21세기 정치 상황으로 인해 몽골 민족은 혼란에 빠지고 양분된 상태에 놓이게 되었다. 더 이상 몽골제국은 존재하지 않지만, 이들은 칭기즈칸을 국가적 영웅으로 복권시켰다. 칭기즈칸이라는 걸출한 정치 지도자를 계속 숭배하는 이유는 과거 공산주의 시대에 대한 향수를 지니고 있는 구세대 때문이다. 어느 역사가가 말했듯, "오직 미래만이 확실할 뿐, 과거는 늘 바뀌는 법"이다. 울란바토르에 있는 스탈린과 레닌 기념물은 이제 모두 사라지고 없다. 반면, 몽골의 스탈린이라 불리며 1930년대 숙청 시기에 약 3만 명을 죽음으로 몰고 간 책임이 있는 초이발산 원수의 동상은 여전히 국립대학교 외부에 건재하고 있다. 몽골의 브레주네프라 불리는 또 한 명의 독재자 체덴발 '원수'의 동상은 드라마 극장 광장에 있다. 이 동상은 몽골의 양분된 과거를 떠올리게 하는 기념물이다. 러시아와 관련된 모든 분야에서 그를 지지했고 '그의 명예 회복'을 원하는 자들이 있는가 하면, 그에게 반대했다는 이유로 정치적 억압의 희생양이 되었다가 얼마 전에 복권된 자들도 있는 것이다. 몽골 국민이 품고 있는 가치는 전국적으로 고르게 공유되지는 못한다. 하지만 그들은 언론, 정치, 여행의 자유를 보장하고 그들이 보기에 본질적으로 몽골다운 것, 그들의 전통 생활양식을 복원시키기를 바란다.

몽골의 전통적 가치관

공산주의가 지배했던 20세기 대부분의 시간 동안에는 몽골에서 민족주의와 칭기즈칸에 관심을 표하는 행위는 심각한 정치적 실수에 해당되었다. 하지만 몽골인들은 언제나 강력한 지도자를 따르는 민족이었다. 최고 지도자라는 개념은 스탈린이 소련의 정권을 장악하고 세계 공산주의 운동의 수장이 되면서 강화되었다. 몽골의 스탈린이라고 불리며 1930년대부터 1952년까지 몽골의 최고 지도자로 있었던 초이발산. 그는 반역 혹은 반혁명 죄로 무고하게 기소되어 목숨을 잃은 수만 명의 죽음에 대한 책임이 있는 인물이다. 하지만 그에 대한 몽골 국민의 태도는 지금도 모호한 상태로 남아 있다.

【칭기즈칸】

몽골 대제국의 건국자 칭기즈칸은 그의 백성들에게 몽골인이라는 사실을 늘 잊지 말라는 경고를 했다. 그리고 이것은 지금까지 변함없이 민족주의 강령의 주제가 되어 왔다. 칭기즈칸은 1990년에 몽골에 민주주의가 싹트면서 복권과 공경의 대상이 된 첫 번째 국가적 영웅이다. 그의 동상이 건립되었고, 그에 관한 책이 출간되었으며, 영화도 만들어졌다. 그의 전사 이미지도 보존되어 있지만, 입법자로 표현된 동상도 많이 홍보

되었다. 델룬 불독*에 있는 거대한 동상처럼 그는 대체로 갑옷을 입고 말 등에 올라탄 모습으로 묘사되어 있다. 반면 칭기즈칸 광장에 있는 그의 동상은 마치 에이브러햄 링컨처럼 왕좌에 앉아 있는 모습이다. 몽골의 지폐 대부분에는 그의 초상화가 그려져 있다. 하지만 그의 이름을 상품명에 사용하는 것은 금지되어 있다.

칭기즈칸의 가르침은 법령을 모아둔 법전 『야사(yasa)』에 보존되어 있다. 그 안에는 금기사항들(받아둔 물이 오염되지 않은 이상 흐르는 물에 몸을 씻거나 세탁을 하는 것을 금한다)과 함께 가족, 재산, 상속에 관한 규정이 담겨 있다. 가령, 절도, 간통, 거짓말을 하면 사형을 선고하며, 귀족을 처형할 때는 피를 흘리지 말아야 한다는 내용이다. 이외에도 칭기즈칸의 얄리크(명령)와 빌리크(금언) 모음집도 있다.

【영혼 세계】

칭기즈칸과 마찬가지로 몽골인들은 지금도 여전히 영혼 세계를 믿는다. 그들은 정령을 잘 달래면 사람들뿐만 아니라 가축

---

* 칭기즈칸의 출생지로 알려져 있음 – 옮긴이

들도 보호해준다고 믿는다. 교차로나 언덕 꼭대기에 세운 돌무덤(어워) 가운데는 양의 뿔, 말의 턱뼈나 두개골 그리고 기도문 깃발로 장식된 경우가 종종 있다. 여행자들은 말에서 내려와 돌무덤 주위를 시계 방향으로 세 번 돈 다음, 보드카를 뿌리고 그 지역 정령에게 기도한 후, 돌 몇 개를 돌무덤 위에 올린 뒤 가던 길을 계속 가면 된다. 어워를 세우는 행위는 고대에 신분이 높은 중요한 인사를 매장하던 풍습과 연관되어 있는 듯하다. 주술적인 성격이 있었던 것으로 보이는 이런 돌무덤은 라마교보다 먼저 등장한 것이었다. 라마교는 처음에는 전통을 금하려고 했으나 결국 실패로 끝났고, 나중에는 이를 흡수하는 쪽으로 갔다(71~72쪽 참조). 매년 몽골 대통령과 그의 측근들은 몇몇 신성한 산에서 특별한 의식을 올리며 수호 정령들에게 경의를 표한다. 가령, 헨티 아이막의 칭기즈칸 출생지에 있는 부르한할둔산이 그렇고, 신화에 나오는 가루다 새가 수호 정령으로 있는 울란바토르 근처의 복드칸산도 여기에 포함된다.

[점성학]

많은 몽골 사람이 운세나 점성술을 믿는다. 전통적인 몽골식 음력 점성술이건 서양의 양력 점성술이건 말이다. 점괘는 인기 많은 신문과 특별 달력에 찍혀 나온다. 몽골인들은 숫자의 힘(숫자점)도 믿는데, 이는 라마교의 특징이기도 하다. 음력에는 12개의 동물과 다섯 가지 요소가 있는 것이 특징이다. 국가 수호기는 9개의 백마 꼬리로 이루어져 있다. '9'라는 숫자는 대개 한겨울 혹한이 이어지는 81(9×9)일을 나타낸다. 숫자 108(9×12) 역시 의미심장하다. 이것은 염주를 이루는 구슬의 개수이면서 에르덴 조 사찰 담에 있는 사리탑의 개수이기도 하다.

【 국가 상징 】

국기와 국장

몽골의 국기를 보면 깃대와 가까운 쪽에 독립을 상징하는 기호가 그려져 있다. 소욤보라고 하는 이 기호는 몽골 최초의 운두르 게겐 자나바자르가 디자인한 것이다. 이것은 그가 고안해 낸 알파벳의 일부인데, 이 알파벳 역시 소욤보라고 불린다. 소욤보란 산스크리트어로 '스스로 드러난 빛'을 뜻한다. 가운데 있는 것이 아르가 빌릭 또는 음양 기호인데, 이는 남성성과 여성성의 (대립되면서도 보완적인) 원리를 상징한다. 이보다 명확하게 알아볼 수 있는 기호로 해와 달, 3개의 횃불도 보인다. 공산주의 시대에는 여기에 5개 꼭짓점이 있는 별도 추가되었으나, 1992년에 삭제되었다.

1992년, 대후랄에서 신헌법을 채택 하면서 새로운 국장 디자인도 승인 되었다. 새 디자인은 말을 탄 목동이 떠오르는 태양을 향해 달려가는 모습을 형상화한 것이다. 국회의원 대 다수가 칭기즈칸의 상징인 매보다는  말을 선호했다고 한다. 이에 따라 가운데에 노란색 바람의 말 (히이모리)*이 소욤보를 등에 태우고 둥근 녹색 언덕들을 넘어 '영원한 푸른 하늘'을 가로질러 날아가는 모습을 양식화했다. 그 아래에는 배의 타륜처럼 생긴 노란색 차크라, 또는 법륜이 있는데, 바퀏살 사이로 푸른색 하닥(의례용 스카프)이 감겨 있다. 이 전체를 투멘 나산, 혹은 만卍자 무늬가 둥글게 둘러싸고 있는데, 가장 윗부분에는 눈물방울 모양의 보석 3개(샨드마니)가 그려져 있다. 이 세 보석은 과거, 현재, 미래를 상징하거나, 아마도 부다, 다르마(가르침)**, 승가(교단)를 나타내는 것으로 보인

---

* 중앙아시아의 샤머니즘 전통에서는 바람의 말이 '인간의 영혼'을 상징함 – 옮긴이

** 담마 혹은 법(法) – 옮긴이

다. 만卐자(하스)는 불교의 상징 중 하나이다. 이 무늬는 대후랄의 실내 벽과 몽골 전통 외투인 델에도 문양으로 사용된다. 간혹 이 무늬는 민족주의자들의 시위에서 사용하는 푸른색 깃발에 사용되기도 한다.

국가 수호기

번영, 힘, 평화를 상징하는 대★백색수호기는 긴 깃대의 꼭대기에 세 갈래 횃불 상징을 달고 그 아래에 9개의 말꼬리를 달아서 만든다. 가령, 몽골 최대의 민속 축제인 나담 축제 (183~185쪽 참조)의 개막 행사 때 이보다 크기가 작은 백색수호기 8개를 '사절단'으로 해서 함께 전시한다. 대백색수호기는 행사에서 사용하지 않을 때에는 정부종합청사에 있는 특별 진열대에 전시된다. 군사력을 상징하는 대★흑색수호기는 흑색 종마의 꼬리로 만드는데, (사방으로 적에 대한 경계를 나타내는) 4개의 펜던트가 달려 있고 깃대 꼭대기

에는 창끝이 달려 있다. 대흑색수호기는 전시되지 않을 때에
는 국방부에 보관된다.

인장

칸의 인장에는 "영원한 하늘의 권능에 따라, 대몽골국 달라이
칸의 칙령이 전달되면 만민은 경배와 복종을 할지어다."라고
새겨져 있다. 총리와 각료가 새로 임명되면 주로 전임자들이
푸른색 하닥으로 싸인 화려하게 장식된 상자 안에 들어 있는
공식 인장(도장)을 인계한다. 지위 고하에 상관없이 몽골 관료
들은 지금도 공식 인장을 매우 중요하게 여긴다. 모든 공문서
에는 서명과 함께 붉은색 인장이 찍혀 있다. 정부종합청사 북
쪽 끝에 위치한 정원에는 대★국가인장을 형상화한 조형물이
서 있다.

【 가족과 부족 】

몽골은 족외혼 관습이 있는 부계 사회이다. 다시 말해, 근친혼
을 피하기 위해 다른 부족과 혼인한다. 대부분의 전통적인 부
족명은 그 부족이 거주하던 장소에서 따온 것이다. 그런데 사
회주의 통치 시대였던 1925년에 부족명 사용을 금지하자 혼란

과 우려가 야기되었다. 그 후 족보를 유지하고 부족명을 사용할 수 있는 권리는 1990년대에 회복되었다. 또한 자신의 부족명을 모르는 사람들은 부족명을 하나 고를 수도 있었다. 전체 인구의 3/4이 칭기즈칸의 후예인 '황금 가문' 보르지긴을 부족명으로 등록했다.

부부는 각자 자신의 부족명을 유지하지만, 자녀는 아버지의 부족명을 물려받는다(249쪽 '이름' 편 참조). 큰아들은 아버지 부족의 후계자로서 가족으로부터 특별 대우를 받는다. 그는 형제 중 큰형을 뜻하는 '아흐'로 형제 내에서 서열이 높다. 어린 아이들은 친근한 말로 '치'라고 불리는 데 반해, 한 집안의 장자는 형제와 부모로부터 예의를 갖춘 호칭인 '타'로 불린다. 막내아들은 '가정의 수호자'라고 해서 아버지의 집과 재산을 상속받는다.

현대 도시생활 환경에서 맞벌이 부모의 자녀들은 조부모의 돌봄을 받는 경우가 많다. 이 경우 조부모는 이웃한 게르에 살거나 한집에서 같이 산다. 몽골인들은 가정과 부족에 충실하며, 연장자들의 지혜와 경험을 깊이 존중한다. 몽골에서는 3대가 한집에서 사는 경우가 흔하며, 부부는 여러 자녀를 두는 경향이 있다. 결혼 여부와 관계없이 남녀 파트너는 서로에게 충실하며, 일부는 첫아이를 낳은 후에야 결혼하기도 한다. 아이들은 어렸을 때부터 자립심을 가지고 혼자서 여행할 수 있게 키운다. 시골에서는 어린이들도 어린 가축 돌보기 등 집안일에 책임을 진다. 어른들은 독립적이고 개인주의적으로 변하는 경향을 보인다.

【 준법과 개인주의 】

몽골인은 준법정신이 투철한 사람들이며 경찰을 비롯한 공무원들의 지시를 잘 수용한다. 하지만 운전자들은 운전이 거칠고 교통법규를 잘 지키지 않는다. 교통사고도 흔히 일어나는데, 음주운전으로 인한 사고가 특히 많다. 몽골인들은 팀 스포츠보다는 개인 스포츠에 뛰어나다. 씨름, 경마, 활쏘기와 같은 전통 스포츠뿐만 아니라, 사격, 복싱, 유도, 태권도, 스모, 체스 같은 국제적 스포츠 경기에서도 두각을 나타낸다. 달리 말하자면 몽골 사람들 중에는 국제적으로 축구나 농구 같은 팀 스포츠에서 뛰어난 경우는 드물다.

개인주의에 알코올이 더해지면 강력한 시너지가 일어날 수 있어서, 몽골 남성들은 고집불통이 되거나 시비를 걸 수 있다. 많이 배우고 책임 있는 지위에 있다고 여겨지는 사람들 사이에서도 다툼은 흔히 일어난다. 명예훼손이나 오보에 대한 배상을 청구하기 위해 정부 관료나 국회의원, 사업가들은 소송에 의존하는 경향이 많다.

【 국가적 자부심 】

몽골 국민은 대다수가 할흐 몽골족이며, 이들의 언어가 법적으로 전국에서 사용하는 표준어로 정해져 있다. 독립국 몽골 안에서 대다수를 차지하는 할흐족은 자신들이 몽골의 주류 부족이라고 생각한다. 이에 따라 그들은 자신이 몽골 소수민족 – 특히 (서부에 거주하는) 오이라트 몽골족 – 뿐만 아니라, 민족적으로 거의 다를 바가 없지만 중국의 네이멍구에 사는 몽골인들과도 다르다고 믿게 되었다. 이에 따라 서로 '적자適者' 몽골인이라고 주장하며 갈등이 고조되기에 이르렀다.

　민족주의의 또 다른 측면으로서 특히 영어와 같은 외국어 단어에 '오염'되지 않도록 '순수한' 몽골어를 지키자는 주장이 나타나고 있다. 하지만 몽골어에는 이미 오래 전부터 러시아어와 다른 나라 언어에서 파생된 단어들이 상당히 많이 사용되고 있는 실정이다. 이런 문제를 모니터하는 임무를 지닌 것이 바로 국가언어위원회다. 2014년 6월, 위원회는 광범위하게 사용되고 있는 '외국어'와 이에 해당하는 몽골어 목록을 일간지 〈우드링 서닝(Ödriin Sonin)〉에 몇 회에 걸쳐서 발표하면서, 독자들에게 몽골어라는 더 나은 선택을 하라고 촉구했다. 위원회는 "우리 몽골어를 순수하고 깨끗하게 만드는 것은 모든 몽골인의 소중한 의무"라고 했다.

【 순수성 】

몽골인들은 순수성을 중요시하는 태도를 지니고 있다. 이는 수원지를 오염시키지 말라는 칭기즈칸의 가르침을 바탕으로 깨끗한 호수, 강, 개울 만들기로 나타난다. 이는 위생 문제를 자각했기 때문이 아니라, 사람이나 가축의 질병을 방지해야 한다는 자연의 정신을 존중하는 태도가 반영된 것이다. 현대에 들어 깨끗한 물이라는 개념은 공장 굴뚝이나 가정의 조리 기구, 배기가스 등에 의한 공기오염을 방지하는 쪽으로 확대되었으나 크게 성공하지는 못했다.

이와 동시에 몽골인들은 지금도 여전히 족외혼과 인종적 순수성을 유지해야 한다고 믿는다. 이에 따라 혈통을 약화시킬 수 있는 국제결혼이나 근친혼을 장려하지 않는다. 몽골의 인구는 300만 명(2017년)인데, 이는 인접국인 중국의 인구 14억과 러시아의 인구 1억 4300만에 비할 수 없는 작은 수치다.

【 지연과 학연 】

몽골 사람들은 가족, 부족, 씨족 간의 연대뿐만 아니라 고향(아이막)이나 지방(누탁) 출신끼리 결성된 지연을 중요시한다. 몽골어에는 누탁에서 파생된 "같은 지방 출신 사람들에게 호의를 베풀다."라는 뜻의 '누트가르하흐'라는 동사가 있을 정도이다. 이외에도 출신 학교나 대학별로 학연을 이루는 것도 유행이다. 특히 러시아, 미국, 영국 대학교 출신 동창들이 결성한 협회나 비정부기구가 활발히 활동한다. 이와 같은 지연이나 학연은 경우에 따라 부패 의혹을 불러올 정도로 밀접하고 중요하게 작용한다. 가령, 직원을 고용할 때 이익을 주거나 정실인사를 하는 경우가 많다.

【 애국과 정치 】

사회주의 정부 시대에 애국은 소련과의 의리를 뜻했으며, 정치와 경제 분야에서 크렘린의 지시를 수용하는 것을 의미했다. 하지만 1990년대부터 애국의 의미가 새로워졌다. 즉, 몽골의 전통(전통의상인 델 착용하기)과 의식 절차(백색수호기)를 보존하고 준수하는 것, 그리고 국가가 울려 퍼지는 동안 가슴에 손을 얹고 충성 맹세(국기에 대한 맹세)를 하는 것 등을 뜻하게 되었다. 몽골인민당은 마치 애국자가 되려면 당원이 되는 것이 전제 조건이라도 되는 것처럼 애국은 그들의 유산이라고 주장하기도 했다. 3월 1일 애국자의 날은 1920년 몽골인민당 창당 기념일이다.

종교

2010년에 실시된 국가 인구조사 결과, 15세 이상 몽골 국민의 절반이 불교 신자로 집계되었다. 나머지 국민 절반은 무신론 사회에서 성장한 탓에 무신론자이거나 불가지론자다. 따라서 이들은 불교를 종교라기보다는 하나의 전통으로 여긴다. 불교는 몽골의 토착 종교인 샤머니즘과 텡그리즘을 몰아내고 그 자리를 치지했으나, 이들 토착 신앙에서 완전히 근절시킬 수 없는 부분은 불교 안에 수용했다. 몽골의 불교는 만주의 통치 아래에서 번성했다. 한편, 몽골의 이슬람교 신자는 주로 카자흐 소수민족이다. 몽골에서 그리스도교는 19세기에 선교사들에 의해 전파되었으나, 20세기 대부분의 기간 동안에는 금지되었고, 1990년 민주주의의 탄생 이후에 다시 도입되었다.

2015년에 실시된 울란바토르 내의 종교 기관에 관한 조사 결과, 종교 의례 장소로 등록되어 활동하고 있는 곳이 234개로 집계되었다. 이중 61.3%가 그리스도교 단체(가톨릭 단체 7곳)이며 28.5%가 불교 단체였고, 샤머니즘 센터는 22곳으로 나타났다. 전체 종교 단체의 2/3가 수도 울란바토르의 게르 지구에 위치해 있다.

【불교】

몽골 불교 신자 대부분은 보통 라마교라고 불리는 티베트 불교 최대 종파인 달라이 라마의 겔루파, 또는 '황모파' 추종자

이다. 이들이 따르는 대승불교(큰 수레)에서는 유신론과 신비주의가 결합된 시스템을 통해 쉽고 확실한 보편적 구원을 추구한다. 겔루파의 몽골 본부는 울란바토르의 간단사 Gangdan Monastery로, 라싸 인근에 있는 간단(낙원) 사원에서 그 이름을 따

온 것이다. 간단사 총무원장인 함바 라마 초이잠츠 스님은 현재 몽골 불교계 최고 지도자다. 현존하는 제14대 달라이 라마는 몽골을 수차례 방문했으며, 그보다 앞서 제13대 달라이 라마는 1904년 영국군이 티베트를 침략했을 때 몽골로 피신해서 1906년까지 체류한 바 있다.

소놈 다르제는 달라이 라마로부터 1911~1924년까지 몽골을 통치했던 복드 칸(국가 수반) 제8대 자브잔담바의 활불活佛로 인정받은 인물이다. 그는 1932년 티베트 라싸 근처에서 출생하여 티베트 불교의 본산지인 드레풍사에서 공부했다. 하지만 1961년에 티베트를 떠나 인도로 피신하여 티베트 망명정부가 있는 다람살라로 가서 망명 중에 있는 달라이 라마를 만났다. 그는 처음으로 1999년에 울란바토르를 짧게 방문했고, 에르덴조 사원에서 제9대 운두르 게겐이자 몽골 불교계 지도자로 즉위했다. 그는 다람살라로 돌아간 뒤, 2009년에 몽골로 영구 귀국하여 몽골 시민권을 획득했으나 2012년에 사망했다. 이후 초이잠츠 총무원장이 몽골 불교 지도자로 복귀했다. 낭시 새로운 복드 게겐(운두르 게겐)의 활불을 찾는 작업과 달라이 라마가 몽골에서 환생할 것인지를 둘러싸고 수많은 추측이 난무했다.

겔루파는 1578년에 알탄 칸이 티베트의 지도자를 만나 그를 달라이 라마로 호칭하고 '황모파'로 개종한 이래로 몽골의 주류 종교로 잡았다. 제1대 운두르 게겐은 할흐 투세트 칸 곰보도르즈의 아들 자나바자르(1635~1723년)다. 그는 초기 티베트 '성자'(자브잔담바)의 계보에서 환생한 티베트 학자 타라나타의 환생으로 인정받고 황묘년(1639~1640년)에 즉위했다. 그는 티베트에서 제5대 달라이 라마 밑에서 공부했다. 할흐 몽골족이 오이라트의 공격을 받은 뒤 이들에게 만주와 동맹을 결성하라고 조언한 인물이 바로 자나바자르다(31쪽 참조).

제4대 대칸인 몽케는 '흑모파'라고도 하는 카르마파를 후원했고, 제5대 칸 쿠빌라이는 '홍모파'라고 하는 사키아파를 지원했다. 오늘날, 몽골의 '홍모파'와 '흑모파' 신도들은 울란바

토르 교외에 있는 사키아 남돌데친 사찰처럼 그들만의 독자적인 사찰을 가지고 있다. 1930년대에 몽골의 불교 신자들은 박해를 받았다. 이후 1940년대부터 1990년의 민주주의 혁명이 일어날 때까지 간단사만이 유일한 불교 사찰로 남아서 다른 아시아 국가에서 온 불교 신자들에게 몽골을 대표하는 사원 역할을 했으며, 나중에는 관광 명소로 활용되었다.

【 샤머니즘 】

2010년 통계 조사 결과, 몽골의 샤머니즘 신자 수는 5만 5000명을 상회하는 것으로 나타났다. '샤먼'이라는 말은 시베리아의 한 부족어에서 파생된 것으로, 영혼 세계에 접근할 수 있고 병을 치유하고 사람들을 지도할 수 있는 능력을 영혼 세계로부터 부여받은 사람을 가리키는 말이다. 샤머니즘은 불 숭상, 조상 숭배, 산의 정령 등 각 지역의 민속 종교와 관련되어 있다. 샤먼은 눈에 띄는 의상을 입고 장비를 갖추고 있다. 특히 영혼을 소환하기 위한 북을 사용해 무아지경 상태에서 '백색(선한)' 영혼이나 '흑색(악한)' 영혼과 교감한다. 샤먼은 점을 치거나 푸닥거리는 하지만, 출생, 결혼, 사망과 관련된 의식은 거행하지 않는다. 라마교가 번창하면서 샤머니즘은 라마교 상징을 이용해서 라마교로 위장했고, 그렇게 라마교와 샤머니즘은 평화롭게 공존했다. 소비에트 통치 시대에 샤먼들은 박해를 받았다. 2015년 2월에는 샤먼 수십 명이 칭기즈칸 광장에 모여 준하라 인근에 있는 거대한 흉노 고분군인 노용 올 무덤군의 혼령들에 대한 기도회를 열었다. 이는 인근의 가츠우르트 금광을 '전략적' 광상鑛床으로 만들려는 관료들로부터 이 지역을 보호하기 위한 기도 집회였다.

【 텡그리즘 】

어떤 권력보다도 높은 하늘의 권능, 즉 '영원한 푸른 하늘(문흐 후흐 텡게르)'에 대한 믿음은 칭기즈칸 시대부터 몽골인들의 신앙의 일부가 되어 왔다. '푸른 하늘 사상가'의 원조라 할 수 있는 칭기즈칸은 '영원한 하늘'이 자신을 간택하여 세상을 지배하게 만들었다고 믿었다. 조상을 숭배하는 몽골의 민속신앙은 칭기즈칸 숭배로 확장되었다. 하지만 칭기즈칸에게 제물을 바치는 사당 중 오늘날까지 남아 있는 곳은 네이멍구 오르도스에 있는 에젠 코로 사당이 유일하다. 울란바토르에는 '하늘에 계신 아버지'가 이끄는 영원한 푸른 하늘 신도 협회가 있다.

【이슬람교】

몽골의 이슬람교 신자 수는 5만 7000명이 조금 넘는다(2010년 현재). 그들 대부분은 몽골 카자흐 수니파다. 몽골에는 20개 남짓한 이슬람 회당과 20명 남짓한 성직자가 있다. 대부분 몽골 서부 지방(바얀울기와 호브드)과 울란바토르와 다르항 같은 인구 밀집 지역에 있다. 오래 전부터 울란바토르 기차역 인근에 모스크와 카자흐 문화원을 건설하자는 논의가 있었다. 몽골 서부지방에 있는 모스크들은 기도실 역할과 함께 지역 공동체 센터 역할도 한다. 최고 성직자 이맘imam은 올기에 거주한다. 1990년부터 몽골 카자흐족의 해외여행 자유화가 이루어져서 매년 일부 신도들이 메카 성지순례에 참례한다. 카자흐족 거주 지역에서는 설 명절(나우리즈)을 쇤다.

【그리스도교】

그리스도교 신자 수는 약 4만 2000명이며, 151개 교회 대다수가 울란바토르에 있다(2010년). 가톨릭은 1개의 지목구를 두고 있으며 성베드로와 성바오로 대성당이 하나 있다. 울란바토르에 있는 러시아 정교회 공동체는 1921년 이전에 러시아 무역 공동체로 사용되었던 건물을 복구한 삼위일체 교회에 있다. 몽골 프로테스탄트 협회, 복음주의 연맹, 침례교는 1990년 이후 각기 울란바토르에 교회를 설립했다. 과거 몽골 당국은 그리스도교 선교사들의 몽골 내 선교 활동을 우려하여 처음에는 선교활동을 저지하는 데 제정분리법을 이용했다. 하지만 나중에 정부 당국은 민주화의 일환으로 선교 활동을 허락했다. 그래도 일부 몽골인들은 여전히 외국 선교사의 선교 활동에 거부감을 갖고 있다. 이외에도 모르몬교와 제7안식일 재림교도 활동하고 있다.

몽골에서 그리스도교 봉사활동의 역사는 매우 길다. 중세시대에 교황은 수차례에 걸쳐 칸의 수도에 사절단을 보냈다. 하지만 이 같은 사절단은 종교적이라기보다는 정치적인 것으로 간주되었다. 19세기에는 모라비아 교회 선교사들이 몽골 영토 안에서 활동했다. 구약과 신약 성서의 몽골어 번역본이 다수 있는데, 영국 해외성서 연구회에서 발간한 성서도 있다.

사회적 지위와 권력

정당이나 비즈니스계에서 지도자급 인사라고 하면 대표, 보스, 또는 회장(다르가, 이 단어는 페르시아어의 다로가와 제국의 어휘 일부와 관련된 것으로 보인다)을 말한다. 1990년대에 몽골에 도입된 직책인 대통령, 총리를 이르는 단어들은 모두 일반적인 대장을 뜻하는 '유룬히'라는 단어를 바탕으로 하고 있다. 몽골의 최고 다르가는 대후랄의 국회의장이다. 사무직원이건 정당이나 노동조합의 지도자이건, 비서라는 용어에도 '정확한 글쓰기의 보스'라는 의미로 '다르가'라는 단어가 포함되어 있다. 서열과 위계가 조직적으로 정해져 있으며, 공무원 직급도 나누어져 있다.

대통령, 국회의장, 총리의 임무는 헌법과 헌법을 바탕으로 만들어진 법에 기술되어 있다. 정치인들은 경마나 씨름 같은 스포츠 운영을 지원하거나 장애인, 노숙자 등을 돕는 자선단체와 함께 일하면서 인기를 끌어올리기도 한다. 상당수 정치인들은 개인사업과 보유재산을 통해 상당한 부를 축적하는데, 이는 연간 소득 신고 때 공개된다. 때때로 고위 지도자들(가령, 엥흐바야르 전직 대통령)이 탈세나 뇌물죄로 인해 투옥되거나 벌금형을 받았다는 언론 보도가 나오기도 한다. 고위 관료들은 종종 특권 의식에 빠지게 되어 자신의 권력을 과시하는 경우도 있다.

보스라면 문제가 무엇인지, 무엇을 해야 하는지 안다. 그리고 자신을 제외한 다른 사람들 모두가 틀렸다고 확신한다. 따라서 도처에서 명예훼손과 비난이 난무한다. 사실 몽골 사람들은 일반적으로는 상사와 정부 당국에 대해 순종적인 태도를 지닌다. 이는 소련의 통치를 받던 시기 이후로 남아 있는 국가적 유산의 일부다. 대중지에서는 중과실과 비효율에 관련된 문제들을 보도한다.

남성

몽골은 특별히 마초적 성향이 강한 사회는 아니다. 하지만 몽골 전통 씨름이나 자유형 레슬링, 유도, 스모, 보디빌딩 등 국가적으로 즐기는 스포츠에서 신체적 힘 같은 몇몇 남성적 가치가 동경의 대상이 된다. 최근 몇 년간 몽골은 세계 스모 챔피언을 다수 배출했다. 정치 지도자들은 엘벡도르지 대통령처럼 나담 축제 때 말을 타고 나무로 만든 전통 활을 쏘거나(183쪽 참조), 엥흐바야르 전 대통령처럼 높은 산을 오르는 모습을 보여줌으로써 자신의 신체 기능을 뽐낸다. 남성들은 전통의상인 델을 입고 벨트 위에 은으로 만든 버클과 칼, 액세서리를 자랑하는 것을 즐긴다. 그들은 이것이 칭기즈칸 전통이라고 생각한다. 몽골 남성들은 전통적인 머리쓰개와 현대적인 모자 둘 다 좋아한다. 또한 말 조련사 협회와 울란바토르 골프 클럽에 가입하기 위한 경쟁이 매우 심하다.

하지만 자극을 받거나 술에 취하면 전사 정신에 불이 붙을 수 있으며, 의견 차이로 인해 싸움이 벌어져 부상자가 발생하는 일이 벌어지기도 한다. 음주는 노상에서 일어나는 사망 사고와 가정 폭력의 원인인 경우가 많다. 평균 연간 약 300명이 살해되는데, 이 중 60~80%는 가정 폭력의 희생자다. 2014년에 범죄 신고가 증가한 이후, 2015년 봄맞이 범죄와의 전쟁 캠페인은 아동 인신매매와 가정폭력 근절에 초점을 맞추고 실시되었다.

여성

몽골에는 중요한 사안에 관해서 여성들의 목소리를 경청하는 관습이 있었다. 칭기즈칸은 그의 아내 부르테의 충고를 듣고

자무하와의 동맹을 깨고 샤먼 쿠쿠추를 억압하기로 결심했다. 과거 몽골 여성들 중에는 영향력을 행사하고 책임을 지는 고위직에 올랐던 사례가 있다. 특히 몇몇 대칸의 미망인은 최고 지도자의 부재 기간 동안 몇 년간 섭정을 하면서 제국을 통치하기도 했다. 몽골 여성들은 폭넓게 성평등을 누린다. 아마도 이는 유목생활을 하며 가사를 분담하던 전통이 반영된 듯하다.

소비에트 통치 기간 동안 남녀 성평등은 공산주의 이론의 일부로 홍보되었다. 1924년에 몽골인민혁명당은 몽골 여성 위원회를 창립했는데, 이 기관은 1990년까지 공식적인 여성 정치 단체로는 유일한 기관이었다. 혁명 영웅 수흐바타르의 미망인 얀즈마 여사는 그의 남편 사후에 수년 동안 정치계에서 명예직을 맡았다. 체덴발이 국가수반이던 시절(1974~1984년), 그의 러시아인 아내 아나스타샤는 고압적인 성향을 보이며 중앙정치국의 비위를 거스를 정도로 정치에 깊이 개입했다. 노동계의 여성 영웅과 우유 짜기 대회 우승자의 의회 진출 비율이 일정하게 유지되고 대후랄 국회의원 수가 200명을 넘은 경우가 많았지만, 당과 정부 조직에서 최고위직으로 올라간 여성은 거의 없었다.

1990년 이후, 개혁을 단행한 정당들은 각 정당별 여성 기구를 창설했다. 몽골인민혁명당의 민주사회주의 여성기구와 민주당의 민주여성협회가 그 예다. 이외에도 다수의 여성자원봉사단체, 협회, 비정부기구가 등장했다. 그러나 선거 때 정당의 공천을 받는 여성의 비율은 여전히 낮다. 2012년 총선 결과를 보면, 대후랄 전체 의석 76석 가운데 단 11석만이 여성 차지가 되었다. 몽골 대졸자의 60%가 여성인 현실에도 불구하고 중간급 간부의 30%와 고위급의 15%만이 여성이다.

한편, 대통령이라는 직책이 생기면서 '영부인'이라는 새로운 역할이 등장했다. 영부인은 겸손한 대중적 이미지를 바탕으로 자선활동이나 장애아동 지원과 같은 분야에서 활동하는 편이다. 몽골에서 대중적 리더십을 지니고 고위직에서 활동하는 여성의 사례는 드물다. 하지만 그런 대표적인 사례가 1998년에 살해된 민주당 지도자이자 장관이었던 조릭의 여동생 오윤이다. 오윤은 오빠 조릭의 이름으로 정의를 위해 투쟁하는 정당을 창당했다. 그녀는 현재까지 민의당(이르게지 조릭)이라는 당의 당수로 있다. 오윤은 대후랄 국회의원으로 여러 차례 당선된 다선 의원이며, 2007~2008년에는 외무부 장관으로, 2012~2014년에는 환경부 장관으로 재직했다.

교육관

몽골 국민은 교육열이 높고, 전반적으로 문맹률이 매우 낮다. 한 세기 전만 해도 몽골에는 학교가 없었다. 남자 어린이들은 사찰에서 수련승(라마)이 되어 티베트어로 된 불교 경전을 읽는 법을 배울 수 있었다. 이들 중에 운 좋고 재능이 있으면 뽑혀서 지방 관청의 사무직원 양성 교육을 받을 수 있었다. 일반적으로 사무직원에게는 몽골어 글을 읽는 법을 가르쳤는데, 가능성이 보이면 몽골어 글을 쓰는 법도 가르쳤다(이렇듯 몽골어를 읽고 쓰는 것은 각기 별도의 자질로 간주되었다). 정부에서 운영하는 초등학교가 울란바토르에 처음 개교한 것이 1921년이었고, 첫 중등학교는 1923년에 개교했지만, 당시에는 학생을 가르칠 교원이 거의 없었다. 교육부는 1924년에 설립되었다. 공식적인 역사 기록에 따르면, 1926년 몽골에는 불과 만 명 남짓한 사람들만이 글을 읽고 쓸 줄 알았다고 한다. 칭기즈칸이 만든 몽골 고어 위구르 문자 대신 라틴 알파벳을 도입하여 문맹을 퇴치하려는 '문화운동'이 1930년에 대대적으로 실시되었다. 하지만 라틴 알파벳은 1940년에 키릴 알파벳으로 대체되었다. 취학 연령 아동 전체에 대한 의무교육은 1955년에 도입되었다.

현재 몽골의 아동 청소년 계층의 문맹 퇴치율은 96%이며, 752개의 일반교육 학교가 있고 이들 학교의 평균 학생-교원

비율은 18.3:1이다. 몽골국립대학교가 1942년에 개교한 이후, 현재 8개 사립 대학교를 포함해서 10개 대학교가 있다. 오늘날에는 몽골 학생 수백 명이 해외 대학에서 수학하고 있다. 몽골 정부는 유학파 청년들이 받은 교육과 기술을 활용하기 위해, 청년들이 해외에서 공부하고 졸업한 후 고국에 돌아오도록 장려하는 '벌집'이라는 이름의 제도를 운영하고 있다. 몽골에서는 교육을 관할하는 부처가 문화와 과학 분야도 관리한다. 따라서 학교, 대학교, 연구소, 과학 아카데미뿐만 아니라 박물관, 도서관, 영화도 교육부 관할이다(151~153쪽 참조).

근로 의식

서구의 근무 윤리는 전통적인 몽골 사회에는 적용되지 않는다. 하루 종일 말을 타고 가축 떼 주변을 도는 목동들은 게으르고 비생산적으로 보일 수 있다. 하지만 실상은 그렇지 않다. 날씨와 계절에 무관하게 온종일 가축을 돌보는 일은 경제에 필수적인 역할을 한다. 또한 시골 생활은 여전히 힘들고 생활 여건도 여전히 나쁘다. 목동들은 자유로운 전통 생활방식을 좋아하는데, 최근에는 이들도 도시 가정에서 누리는 편의시설, 특히 전기와 TV를 즐기는 경우가 증가하고 있다. 하지만 일부 젊은 세대는 목축을 포기하고 보수가 더 좋은 일자리와 더 많은 자극을 찾아 도시로 이주하고 있다.

1950년대 소련의 대규모 투자 이후 몽골의 산업 생산량은 획기적으로 증가했다. 군대는 건설 인력으로 훈련받았고, 집권당은 새로운 노동계층에게 자부심을 심어주었다. 다양한 인센티브 제도를 통해 저임금과 열악한 주거 조건을 어느 정도는 보상할 수 있어서 생산성이 향상되었다. 공무원과 경영자 관료 조직과 마찬가지로, 노동인구도 성장하면서 다변화되었다. 공장 노동자와 사무 직원들은 여전히 근무 시간 중에 자리를 비우고 치과 진료나 쇼핑 같은 개인적인 용무를 보러가는 경향이 있다. 이는 사회주의 시절의 경직된 분위기를 벗어나려는 욕구가 남긴 유산이다.

해외 유학이 늘고 정부 관료와 비즈니스 지도자들이 서구 관행을 접하는 기회가 늘어나면서 몽골의 비즈니스 환경에 혁명이 일었다. 더 나은 근무 조건과 임금이 제공되자 규칙적인 근무 시간이 준수되었고 아무렇지도 않게 결근하는 경우도 줄었다. 출근 카드를 찍고 시간의 정확성이 향상되자 공장에서는 생산이 더 원활해졌고, 상점과 사무실에서는 고객 서비스가 좋아졌으며, 비즈니스 회의도 많아졌다. 현대적 기계설비와 안전 절차, 보호복, 헬멧 착용이 도입되면서 근로자들의 사기와 생산성이 진작되는 결과도 낳았다.

몽골의 노동력은 대부분 잘 훈련되어 있고 근면하다. 하지만 외국의 대형 광산업체들은 몽골 근로자들을 근로 중에 교육시키면서도, 공장과 값비싼 기계설비 가동 업무는 여전히 상대적으로 많은 외국인 근로자를 고용하여 이들에게 맡기고 있다. 몽골 사람들은 스스로 회사의 주인이 되고 활동 분야를 다양화하기 위해 회사를 창업하는 것을 좋아한다. 하지만 창업 후 1년 안에 폐업하는 소규모 기업의 수가 비교적 많다. 주요 성장 분야는 15만 6000명을 고용하고 있는 소매 무역이다. 이에 비해 광업 분야 고용 인원은 5만 명에 불과하다(2013년). 이외에도 도시 근교의 시장 원예업도 독립성과 진취성이 엿보이는 성장 가도에 있는 분야다.

• 몽골식으로 일하기 •

몽골은 1960년대와 1970년대에 '사회주의 건설' 시기를 보내면서 물자 부족에 시달렸다. 이 기간 동안 계획경제제도 아래에서 노동자들은 어떻게든 "되게 하고 고쳐라."라는 요구를 받았다. 차량 운전자들의 경우에는 연료와 윤활유를 아끼고 타이어에 펑크가 나면 직접 수리해야 했다. 노동자들은 고장이 발생하면 위트를 발휘해야 하는 경우가 많았다. 수리에 필요한 도구나 장비를 구할 수 없는 일이 자주 벌어졌기 때문이다. 가령, 렌치를 사용해야 하는 곳에 해머를 써서 작업이 제대로 되지 않는 일이 많았다. 이런 모습에서부터 '몽골식으로 일하기'라는 말이 생겼다. 즉, 몽골 사람들이 하는 방식(몽골츨로흐)으로 일하거나 임시변통으로 일을 처리한다는 의미다.

요즘에는 한겨울이 되면 자동차 엔진이 동결되지 않도록 밤새 난방이 되는 구내에 주차해야 한다. 하지만 몽골에는 난방이 되는 주차장은 없을 것이다. 그렇다면 흔히 접하게 되는 이런 문제를 몽골 사람들은 어떻게 해결할까? 간단하다. 아침이 밝으면 자동차 실린더 블록 아래에 불을 지피면 된다!

03

관습과 전통

몽골 전체 인구의 절반 이상은 전통 가옥인 게르에서 생활한다. 동심원적 세계관을 지닌 몽골 사람들에게 게르는 반구의 중심에 해당한다. 여성은 집안일과 자녀 양육뿐만 아니라 가축의 젖 짜기, 치즈 만들기, 새로 태어난 양과 새끼 양 돌보기 등을 책임진다. 남성이 책임져야 하는 범위는 여성보다 더 넓은 주변 지역까지다. 이곳에서 돌아다니는 말과 소떼는 목초지를 따라 이곳저곳으로 계속 이동해야 하고 물도 공급받아야 한다. 남성은 주변 환경의 여건에 따라 새로운 방목지를 찾아 짐을 싸서 떠나야 할 시점을 결정한다.

전통의상

몽골의 델은 남녀 모두가 입는 긴 가운이다. 여성들은 전통적으로 띠나 벨트를 하지 않고 입는다. 그래서 여성용 델을 가리키는 몽골어는 "벨트가 없다."는 뜻의 '부스귀'다. 오늘날에는 많은 여성들이 벨트를 착용하고 입는다. 델은 옷깃이 높고 오른쪽 어깨 부분에 단추를 달아 여미게 되어 있다. 시골에서는 일상생활을 할 때 델을 입지만 도시에서는 대개 유럽식 의복을 입는다.

여름용 델은 면이나 무늬 있는 중국 실크로 지어 입는다. 남성들은 옷과 대비되는 색상의 띠나 실크 버클이 달린 무거

운 가죽 벨트를 두르는데, 전통적으로 젓가락 통과 함께 단검을 칼집에 채워 허리에 단다. 실크로 만든 가장 좋은 델은 아껴서 국경일이나 축제 때 입는다. 겨울용 델에는 패딩이나 모피를 안감으로 댄다. 또한 손을 덮을 수 있도록 소매

가 길어서 손을 따뜻하게 보온하면서도 손가락은 자유롭게 움직일 수 있다는 실용적인 특징이 있다.

남성들은 전통 문양과 그림이 새겨진 가죽 부츠(고탈)를 신는다. 부츠의 발가락 부분은 동물들에게 짓밟히지 않도록 위로 말려 올라가 있다. 부츠 안에는 자수가 놓인 펠트로 만든 두툼한 양말을 신는다.

만주제국 시대에는 모자가 남성의 지위와 신분을 나타내는 중요한 상징이었다. 모자 꼭대기에는 모자를 쓰고 있는 사람의 지위를 보여주는 준보석으로 만든 '단추'가 장식되었다. 청나라 시대의 겨울용 모자는 동물 가죽으로 만드는 경우가 많았으며 챙이 둥근 모양이었다. 반면 고깔 모양의 여름용 모자는 대나무 껍질을 엮어서 만들었다. 겨울용 모자는 지금도 모피로 만드는데, 꼬리까지 달린 여우 가죽을 통째로 사용하는 경우도 많다.

사회주의 시대에는 유니폼을 입지 않는 남성들은 대부분 '노동자 계층' 출신임을 드러내는 납작한 모자를 썼다. 이에 비해 관료들은 소비에트식 정장과 중절모를 착용했다. 요즘에는 전통 씨름 선수들이 귀 덮개가 달리고 꼭대기에 색 있는 작은 공이 달린 전통적인 장군 모자(잔진 말가이)를 쓴다. 모자 뒤에는 선수들의 순위를 표시하는 리본도 달려 있다. 기병대를 포함해서 의장병들은 혁명기의 의복을 바탕으로 만든 유니폼과 헬멧을 착용한다.

1990년부터 전통의상이 장려되었음에도 불구하고, 몽골 남성들 사이에서는 챙이 넓은 '부시' 모자와 카우보이 모자가 인기 있다. 남성이나 여성 모두 실내에서 자주 쓰는 모자는 몽골인들에게는 특별하고도 사적인 물건으로 여겨진다. 그래서 사람들은 웬만하면 머리쓰개를 서로 교환하거나 다른 사람의 모자를 만지지 않는다.

게르

몽골 전체 인구의 절반 이상은 전통 가옥인 게르에서 생활한다. 게르는 잘 휘어지는 성질을 지닌 목재를 격자무늬로 짜서 만든 벽(하나)으로 둘러 처진 둥근 천막(러시아어로는 유르타)이다. 게르 한 가운데에는 음식 조리와 난방을 위한 난로가 자리하고 있다. 지붕에는 나무로 만든 둥근 틀이 있고 그 가운데로 구멍이 나 있어서 굴뚝이 통과하게 되어 있다. 지붕의 나무틀은 튼튼한 수직 장대 2개가 기둥 역할을 하며 받쳐주고 있다. 나무틀 구멍을 통해 실내로 빛이 들어오게 열어두거나 닫을 수 있도록 그 위에 덮개가 달려 있다. 격자무늬 벽 위에 얹혀 있는 지붕은 마치 바퀴살처럼 배치된 얇은 기둥들이 떠받치고 있다. 지붕과 벽 전체는 보온을 위해 펠트로, 빗물 방수를 위해 캔버스로 뒤덮여 있다. 전체가 로프 하나로 묶여 있고, 바람에도 견디도록 묵직하게 만들어져 있다. 난로, 침대, 궤처럼 덩치가 큰 물건들은 격자무늬 벽을 둘러치기 전에 그 안에 먼저 배치한다. 목조부는 대개 오렌지색 페인트에 전통 문양으로 장식한다.

게르를 칠 때는 언제나 남향으로 나무문을 단다. 게르 안에서 바라보면, 지붕에 난 틀을 통해 안으로 들어오는 햇빛이 바닥과 벽을 가로질러 길처럼 흔적을 남긴다. 이 흔적을 바탕으

로 시간의 흐름을 측정할 수 있다. 점성술에 나오는 12마리 동물의 이름은 낮과 밤의 시간에도 붙여진다(99쪽의 '몽골의 달력' 참조). 몽골의 전통적 1시간은 유럽의 2시간과 같다. 또한 유럽의 시간이 아니라 정각에서 40분이 지난 시간부터 시간을 측정한다. 한편, 나무문은 밖으로 열리고, 손님이 게르를 방문할 때에는 문지방을 밟아서는 안 된다. 문턱을 밟으면 액운을 가져온다는 믿음이 있기 때문이다.

둥근 형태의 게르 내부는 네 구역으로 나뉜다. 먼저, 북쪽 사분면에는 찬장 위에 종교화와 가족 사진이 진열되어 있고, 집안의 남자 어르신과 귀한 손님을 위한 등받이 없는 의자, 음식과 음료를 대접하는 낮은 나무 테이블이 있다. 서쪽 사분면은 남성을 위한 공간으로, 목동들은 이곳에 말안장과 마구를 보관하며, 암말의 젖으로 만든 마유주(아이락) 주머니를 걸어두고 발효시킨다. 동쪽 사분면은 여성을 위한 공간으로, 조리기구와 살림살이가 보관되어 있다. 난로 옆의 현관문 쪽 공간에는 건조시킨 가축의 분뇨를 저장하는 연료통이 있다. 물은 현지에 있는 샘이나 강에서 수급한다. 일부 게르의 경우에는 조금 떨어진 곳에 나무로 만든 키 큰 장롱 안에 건식 변소가 있다. 변소가 없을 경우에는 야외에 적당한 수풀이나 바위가 있

으면 그 뒤에서 용무를 해결한다.

　동심원적 세계관을 지닌 몽골 사람들에게 게르는 반구의 중심에 해당한다. 여성은 집안일과 자녀 양육뿐만 아니라 가축의 젖 짜기, 치즈 만들기, 새로 태어난 양과 새끼 양 돌보기 등을 책임진다. 이런 작업은 게르 가까운 곳이나 실내에서 이루어지는 것들이다. 사용 중에 있는 말들은 집 근처에 매어둔다. 남성이 책임져야 하는 범위는 여성보다 더 넓은 주변 지역까지다. 이곳에서 돌아다니는 말과 소떼는 목초지를 따라 이곳저곳으로 계속 이동해야 하고 물도 공급받아야 한다. 남성은 주변 환경의 여건에 따라 새로운 방목지를 찾아 짐을 싸서 떠나야 할 시점을 결정한다.

몽골의 달력

몽골의 음력은 호랑이, 토끼, 용, 뱀, 말, 양, 원숭이, 닭, 개, 돼지, 쥐, 소 등의 띠 동물들이 한 해를 상징하는 12년 주기를 바탕으로 한다. 전설에 따르면, 신은 12간지를 만들 때 띠 동물로 삼을 동물을 다음날 가장 먼저 눈에 들어오는 열 두 가지 동물로 정하기로 마음먹었다고 한다. 그런데 낙타와 쥐가 동시에 신의 눈에 띄는 문제가 생겼다. 이에 신은 둘 중에서 다음날 동트는 것을 먼저 보는 동물을 뽑기로 한다. 낙타는 동쪽을 바라보며 언덕을 달려 올라간 반면, 쥐는 낙타의 등에 올라타서 서쪽을 바라보았다. 언덕 위로 해가 떠오르자 아직 언덕 꼭대기에 다다르지 못한 낙타의 눈에는 해가 보이지 않았다. 하지만 낙타의 등에 난 한쪽 혹(몽골 낙타는 혹이 2개다) 위에 있던 쥐는 먼 산에 비친 햇빛을 먼저 보았고 그렇게 겨루기에서 이겼다. 이것이 바로 12간지 동물에 낙타가 아닌 쥐가 포함된 이유다.

12간지는 남성과 여성의 해가 번갈아가며 반복되면서 푸른색, 붉은색, 노란색, 흰색, 검은색으로 표현되는 다섯 가지 요소(나무, 불, 흙, 쇠, 물)와 결합된다. 다섯 가지 요소(다섯 가지 색)는

2년 주기로 적용되며, 12간지와 조합을 이루어 60년 주기(자란, 또는 '불교식 1세기')가 만들어지고 각각의 해에는 고유한 이름이 붙여진다. 현재는 1987년에 시작된 17자란에 속한다. 음력 2014년은 나무(청색) 말(종마)의 해이며, 2015년은 나무(청색) 양(암양)의 해, 2016년은 불(적색) 원숭이의 해다. 음력 달에는 예를 들어 '첫 번째 여름 달', '세 번째 겨울 달' 등의 이름이 붙거나, 12개 띠 동물 이름이 붙을 수도 있다. 몽골의 설날인 차강 사르와 칭기즈칸 탄생일은 음력으로 따져서 기념하지만, 다른 기념일들은 서양의 태양력에 따른다. 일반적으로는 태양력이 사용되며, 단순히 1부터 12까지 숫자를 붙인다.

공휴일

공휴일이 되면 사무실과 상점은 문을 닫지만, 나담 스타디움 가판대에서는 음식과 음료를 판매한다. 공휴일 동안에는 대중교통, 자동차 주차 등을 위한 특별 조치가 시행된다.

【 1월 1일: 새해 첫날 】

1947년에 처음으로 공휴일이 된 날이다. 12월에 칭기즈칸 광장에 '신년 나무'를 세우고, '겨울 노인'(우블린 우브군)이 아이들에게 선물을 나누어준다. 새해 첫 해맞이를 위해 시골로 여행가는 새로운 전통이 울란바토르 주민들에게 한창 유행이다. 새해 인사말은 "시네 오니 바야린 멘드 후르게예!"로 "새해 복 많이 받으세요!"라는 의미다.

【 몽골의 음력 설, 차강사르 】

1월 말이나 2월 초, 음력 새해 첫날(시니인 백)부터 시작되는 사흘간의 명절('하얀 달'이라는 의미)이다. 점성가들이 윤달에 대해 의견 일치를 보지 못하는 경우가 아니라면 대개 몽골과 중국은 같은 날을 설로 쉰다. 이날 사람들이 나누는 인사는 "사르 시네데 사이한 시넬에레이!"로 "복 많이 받는 한 달 시작하세요!"라는 뜻이다.

연중 최대 명절인 이날을 준비하기 위해 몽골에서는 집안 대청소를 하고, 선물을 준비하며, 튀긴 패스트리(보부)*부터 통

---

* 신발 밑창 모양처럼 생긴, 밀가루로 만든 과자 – 옮긴이

째로 삶은 지방꼬리 양(우츠)에 이르기까지 다양한 전통 음식을 마련한다.

• 차강사르 •

이 명절의 핵심은 먹고 마시는 일이다. 음력설의 월출 전야는 '비퉁'이라고 하는데, 이날은 일찍 퇴근하여 귀가한다. 학교는 방학이고, 대부분의 사무실과 사업체도 3일간 휴업하며, 대중교통도 일부 구간만 운행한다. 그래도 응급 서비스와 병원, 약국은 이용 가능하다.

음력설에 몽골 사람들은 모두 가장 좋은 옷을 차려입고 가까운 가족과 친구를 방문하여 신년 인사를 나눈다. 손아랫사람들은 존경의 표시로 손윗사람들의 팔꿈치 아래에 손을 두는데 마치 팔꿈치를 들어 올리는 것처럼 보이기도 한다(졸고흐). 또한 하닥(의례용 푸른색 실크 스카프)을 교환하고, 상대방의 코담배 통에서 코담배를 맡는다. 이렇게 보드카, 코담배, 음식, 차를 손님에게 건네고 받을 때에는 주고받는 사람들 모두 왼손으로 자신의 오른쪽 팔꿈치를 받쳐준다.

대통령이 음력설에 가장 먼저 해야 하는 업무는 칭기즈칸 광장에서 칭기즈칸에게 경의를 표하는 일이다. 그런 다음 정부 청사로 돌아와서 몽골의 국가 상징(비상하는 말)과 백색수호기에 절을 한다. 이후 대통령은 국회의장과 총리를 만난다. 세 사람 모두 델을 입고 모피 모자를 쓴 채, 정부 청사에 있는 리셉션 게르에 있는 안락 의자에서 전통적인 새해 인사 의식을 치른다. 테이블에는 탑처럼 쌓아올린 보부, 치즈, 당과와 함께 거대한 그릇에 담은 마유주 쿠미스를 차린다. 마두금*(모린 후르, 170쪽 참조)이 연주되고, 대통령은 TV로 국민들에게 신년 메시지를 발표한다.

【 3월 8일: 국제 여성의 날 】

1977년부터 몽골에서 여성의 권리와 세계평화를 위한 유엔의 날로 기념되다가 이후에 여권 보호의 날로 명칭이 바뀌어 기념되고 있는 날이다. 이날에는 여성들에게 꽃을 선물한다.

【 6월 1일: 어머니와 어린이날 】

1949년에 국제민주여성연맹이 지정한 날로서, 현재는 국제아동보호의 날로 기념되고 있다. 울란바토르에 있는 어린이 공원을 비롯한 각지에서 특별한 행사들이 진행된다.

---

* 말머리 장식을 단 두 줄 현악기 - 옮긴이

【 7월 11~13일: 나담 】

이 기간 동안 울란바토르에서는 전통 스포츠 축제가 벌어진다. 옛 전통 군복을 입고 말을 탄 군인들과 전통의상을 입은 무용수와 음악가들을 볼 수 있다. 시외에서는 전통 씨름과 활쏘기, 경마를 구경할 수 있다(183쪽 참조).

1950년대부터 1921년 몽골 혁명과 수도 해방 기념일 행사의 일환으로 7월 11일에 수호바타르 광장에서 군대 퍼레이드와 노동자 시위가 벌어졌으나, 1993년 이후부터는 금지되었다.

【 몽골 자긍심의 날 】

음력으로 겨울이 시작되는 첫 달의 첫날을 칭기즈칸 탄생일로 기념한다. 이날에는 칭기즈칸의 명령을 발표한 후에 국기를 게양하고 백색수호기를 설치하는 의식이 행해진다. 이전에는 칭기즈칸의 탄생일을 5월 31일로 정하고 공휴일로 기념하지 않았다.

【 11월 26일: 건국 기념일 】

이날은 1924년에 첫 번째 헌법을 채택하고 몽골인민공화국을 선포한 것을 기념하는 날이다. 일부에서는 독립 기념일이라고

도 부른다. 이 공휴일은 독립 기념일과 칭기즈칸 탄생일이 정해지기 전에 생긴 것으로, 공산주의 시절을 거쳐서 지금까지 살아남은 공휴일이다. 오늘날에는 단순히 하루 휴식을 즐길 수 있는 날로 여겨지고 있다.

【 12월 29일: 몽골 자유 독립 기념일 】

이날은 1911년 몽골이 청나라의 통치에서 벗어나 독립을 선언한 것을 기념하는 날이다(2007년에 처음으로 기념되었다). 정치 지도자들은 울란바토르에 있는 정부종합청사 북쪽 정원에 설치된 국가 인장 조형물 앞에서 기념 행사를 가진다. 2013년 기념일에는 행사의 일환으로 독립 광장에 복드 칸 기념비의 주춧돌이 설치되었다.

【나우리즈】

이날은 몽골에서는 공식 국경일은 아니다. 하지만 몽골 내 카자흐 공동체에서는 카자흐족과 일부 중앙아시아 민족의 신년 명절 춘분제(3월 22일)인 이날을 명절로 쉰다. 이날을 맞아 보통 몽골 대통령은 "나우리즈 메이라미 쿠티 볼신!", 즉 "행복한 나우리즈 되세요!"라는 신년 인사를 발표한다. 2015년에 대통령은 춘분제가 "음주와 보드카로 얼룩지지 않고" 치러지면 좋겠다고 말하기도 했다. 이란에서 처음 시작되어(노브루즈, 새날 또는 새 빛이라는 뜻) 고대로부터 내려오는 이 축제는 1926년에 금지되었다가 1990년에 다시 부활한 것으로 보인다. 몽골인들은 춘분제를 '태양의 축제(나르니 바야르)'라고 부른다.

몽골의 구어

몽골의 시인들은 어마어마하게 긴 서사시를 외웠다. 또한 몽골 사람들은 선사시대부터 구어에는 마법의 힘이 있다고 굳게 믿어왔다. 그래서 출생이나 결혼, 여행을 떠날 때, 새 게르를 구했을 때 축복의 말을 하며, 새로 태어난 아기와 가축, 새로 생긴 도구와 무기를 축복한다. 한편, 산신령을 불러내는 기도와 관련해서 '늑대'라는 말처럼 금기시되는 단어들이 있어서 대개의 경우 이런 말은 가급적 피한다.

이러한 관행은 현대에도 찾아볼 수 있다. 군인과 공무원들이 국기에 대한 맹세를 하는 모습, 백색수호기가 등장하는 대통령 참석 국가행사, 군대의 흑색수호기를 들고 벌이는 군대 퍼레이드가 그렇다.

【속담】

속담과 격언을 보면 몽골 사람들의 전통적인 사고방식의 일면을 엿볼 수 있다. 그중에는 몇몇 친숙한 것도 있다. 가령, "말보다 행동", "호랑이를 잡으려면 호랑이 굴에 들어가야 한다."에 해당하는 속담이 그렇다. "아니 땐 굴뚝에 연기 날까?"에 해당하는 몽골 속담은 "어워*가 없다면 까치가 어디에 앉겠는가?" 이다.

이밖에도 몽골 특유의 환경과 관련된 속담도 있다. "빚이 없으면 부자요, 병이 없으면 행복한 사람." "소금은 녹을 때까지

---

* 돌무더기 - 옮긴이

넣고, 일은 끝날 때까지 하라." "말실수는 되돌릴 수 없고, 잃어버린 거세마는 다시 찾을 수 없는 법." "높은 산에는 바람이 잦고, 노인들은 까다롭다." "보드카가 있는 곳에 친구가 많이 모인다."

그런데 요즘 비즈니스계에서는 "곰을 죽이기도 전에 가죽부터 나눈다."는 격언이 많이 회자되고 있다. 다시 말해서, 돈을 벌기도 전에 어떻게 쓸지 궁리부터 한다는 뜻이다. "많은 사람들이 죽은 곰의 입 안에 손가락을 넣는다."라는 속담도 있다. 즉, 그렇게 행동하는 것이 안전할 때를 일컫는 말이다. 이렇듯 몽골의 민화와 속담에는 동물이 많이 등장한다. 어떤 일이 은밀히 이루어졌을 때, 이를 두고 "빗속의 늑대 또는 어둠 속의 까마귀" 같다고 말하는 식이다. "빈대 잡으려다 초가삼간 태운다."는 의미를 지닌 몽골 속담은 "늑대 먹이가 되지 않으려다 호랑이 먹이가 된다."이다.

출생과 유년기

몽골에서는 출산을 위해 특별한 준비를 하면 액운이 든다고 여긴다. 이곳 아이들은 태어날 때 이미 한 살을 먹은 것으로 간주된다. 출생 후 3일이나 7일이 지나면 가까운 가족들이 아기를 씻기고 이름을 지어준다. 이때 작명을 위해 라마 승려가 초대되기도 하지만, 대개의 경우 아버지나 조부모가 아이의 이름을 지어준다. 친지들은 돈, 옷, 장난감 같은 선물을 가져오고, 시골에서는 칼이나 활과 화살, 말안장, 양을 선물하기도 한다.

남자아이의 경우 세 살이나 다섯 살에, 여자아이의 경우 두 살이나 네 살이 되면, 가족과 친구들이 길일을 택해서 공식적으로 처음으로 아이의 머리카락을 자르는 의식을 치른다. 주인공 아이는 게르 안쪽의 상석에 앉고, 아이와 띠가 같은 남자 어른이 아이의 머리를 제일 먼저 자른다. 그 뒤를 이어 가장 연장자가 아이의 머리를 자른다. 아이는 행운과 장수를 비는 축복의 인사를 받은 다음, 쟁반과 가위, 하닥(종교적 상징이 새겨져 있기도 한 의례용 푸른색 스카프)을 들고 돌아다닌다. 그러면 모든 하객이 아이의 머리를 조금씩 잘라서 쟁반 위에 선물과 함께 올려놓는다. 이렇게 자른 머리카락은 하닥으로 싸서 가족이 잘 보관해두고, 아이의 머리에 남아 있는 머리카락은 삭발한다. 이날 주인공 아이는 비록 계속해서 신이 나지는 않더라도 의식을 거행하는 동안 점잖게 있어야 한다.

전통혼례

예전에 몽골에서는 아이들이 결혼 적령기가 되기 전에 미리 약혼을 올렸다. 남성은 대개 홀수 나이에, 여성은 열여섯이나 열일곱 살에 결혼했다. 아들을 둔 아버지는 아들이 성장하면 신붓감을 찾아 나섰다. 그러다가 적당한 규수를 발견하면 그 부모에게 중매쟁이를 보냈다. 이때 중매쟁이는 하닥과 선물을 가져갔다. 신부 집에서 하닥과 선물을 받아주면, 신랑 측 부모가 신부 측 부모를 방문해서 지참금 문제를 논의했다. 일이 순조롭게 진행되고 지참금(보통 가축을 제공했다)이 무난하면, 신랑 측 부모는 게르 한 채와 가구를, 신부 측 부모는 살림 도구를 포함한 혼수를 제공하기로 합의했다. 결혼 날짜는 라마승이 점성학상으로 혼례를 치르기 좋은 길일을 간택했다. 결혼 전날, 신랑은 아버지의 게르 동쪽 편에 자신의 게르를 지은 다음, 부모와 함께 신부와 신부의 부모를 찾아가서 처갓집 난로에 절을 했다. 신부의 아버지는 사윗감에게 미래의 가정을 이

끌 가장의 상징으로 화살을 하나 주었다. 그런 다음 신부의
가족은 신랑이 지은 게르에 지참금을 보냈다.

결혼식 날 새벽이 밝으면, 말쑥하게 차려입은 신랑이 활
과 화살을 들고 다섯 또는 일곱 명의 청년을 대동한 채, 신부
를 태울 안장 올린 말을 끌고 신부 부모의 게르로 갔다. 이들
이 신부의 집에 도착하면, 가짜로 다툼이 벌어졌다. 신랑이 신
부를 강제로 데려가려 하고 신부 측에서는 데려가지 못하게
하는 시늉을 하는 것이다. 그런 다음 신랑과 신부는 말에 함
께 올라타고 신부의 부모가 사는 게르를 세 바퀴 돈 뒤 신랑
의 게르로 향했다. 두 사람은 '정결'의 의미로 이곳에 지펴져
있는 2개의 난롯불 사이를 지났다. 그런 다음 신부는 각 부족
의 관습에 따라 혼례용 머리를 하고(할흐족 여성의 경우, 양 갈래 머

리를 빗어서 각각 납작한 '뿔' 모양으로 만든 다음, 은과 산호 장신구로 고정하고 관 모양의 은제 '머리카락 틀'을 꿰었다.) 기혼 여성이 하는 보석을 착용했다. 이렇게 차려 입은 신부는 신랑의 부모가 사는 게르로 가서 집안의 난로와 그림, 그리고 신랑 측 가족에게 절을 했다. 신랑은 자신의 게르에 있는 난로에 첫 불을 지피고, 신부는 시댁 식구와 하객들을 위해 차를 준비했다. 그 뒤에는 흔히 술잔치가 벌어져서 신랑과 신부의 대변인들 사이에 말싸움과 때로는 거친 욕설이 오고갔다. 다음날, 신랑 측은 신부를 데리고 신랑의 친척들을 방문했다. 그때부터 신부는 시어머니의 말에 순종해야 했다.

칭기즈칸에게는 본처(이흐 에흐네르) 한 명과 여러 후처(바가 에흐네르)와 첩(대개의 경우 적장의 아내와 딸이었다)이 있었다. 하지만 본처가 낳은 자녀들만이 후계자가 될 수 있었다. 반면, 현대의 결혼식은 예전과는 많이 다른 모습이다. 먼저, 들러리와 턱시도, 나비넥타이가 동원되어 울란바토르에 있는 결혼식장에서 혼례를 치르고 호텔이나 레스토랑에서 연회를 벌이는 아주 큰 행사로 치러지는 경우가 있다. 그렇지 않으면 관할 등기소에서 간단한 서명식을 한 후 가족과 친구들만 초대하여 파티를 하는 작은 결혼식도 있다. 최근에는 해외로 신혼여행을 떠나는 것이 유행이다.

애도와 추모

귀족 가문은 전용 묘지를 소유하고 있었으며, 목관에 안치되어 갑옷, 의복, 첩, 하인과 함께 비밀리에 매장되었던 것 같다. 고위 라마승은 방부 처리되어 때때로 의식용 복장을 하고 사찰에 전시되었다. 매장하는 것이 원칙이 되기 이전에는, 가난한 사람들은 세상을 떠난 친지의 시신을 스텝에 남겨두었다. 이때 시신의 '머리는 산을 향하고 발은 흐르는 물을 향하게' 했다. 이렇게 남겨진 시신은 개, 야생동물, 새의 먹이가 되었다. '풍장'으로 알려져 있는 이러한 장례법은 이상적인 무아無我를 나타내는 것이었다. 몽골의 개는 도시에 사는 것들도 사납고

위험했다. 풍장은 공산주의 정권에 의해 금지되었다가 1990년에 '전통' 장례법으로서 합법화되었다. 하지만 더 이상 사람들이 선호하지는 않는다.

현대에 들어서 울란바토르에 화장법이 시행되었으나, 사망자의 2/3는 묘지에 매장되고 있다. 영구차로는 트럭이 사용된다. 트럭에는 관과 함께 추모객을 태우고 커다란 영정사진을 싣는다. 고인과의 마지막 작별 인사를 위해 장례식 동안 관을 열어둔 다음, 매장할 때 닫는다. 장례식은 일요일을 제외하고 그 주의 홀수 일에 거행된다. 사후 49일째 되는 날, 추모 기도를 올리고 무덤을 방문한 다음, 고기를 뺀 음식으로 식사를 한다. 이후 고인의 영혼이 환생하도록, 가족들은 3년 동안 묘지를 다시 찾지 않는 전통이 있다.

【 전통의례 】

몽골에서는 죽음을 앞둔 사람이 지상의 문제로부터 자유로운 상태에서 부처에게 생각을 집중할 수 있도록 마지막 시간을 혼자 보내게 했다. 고인 앞에서 울거나 애도하는 것은 적절치 않은 행동으로 간주되었다. 고인이 사망한 후에는 게르 안에 있던 물건을 다 없앤 후에야 고인을 옮기거나 만질 수 있었다. 고인의 몸은 오른쪽 손바닥으로 머리를 받치고 왼팔은 몸 옆에 나란히 오게, 왼쪽 다리는 무릎을 굽히고 오른쪽 다리는 쭉 펴진 상태로 놓았다. 얼굴은 하닥으로 덮었다. 그런 다음 기름 램프를 켜고 게르의 지붕과 문을 닫았다. 그렇게 이틀 낮과 밤이 지난 후, 고인의 영혼이 낙원에 들기를 염원하는 기도를 올렸다.

음력으로 사망한 날짜와 시간에 따라, 라마승이 매장에 적합한 날과 장소를 정했고, 시신을 '만질' 사람이 선정되었다. 매장 전날, 시신은 흰색 천에 싸여 아로마 향이 나는 허브와 함께 흰색 자루 안에 안치되었다. 매장하는 당일, 수레나 운반할 가축이 도착하면, 시신을 만지도록 간택된 사람이 게르 안으로 들어가 시신을 들고 수레나 말, 낙타에 실었다. 이때 그의 손에는 기도문을 적었다. 백마를 탄 남성을 선두에 세운 장례 행렬은 매장지로 간택된 장소로 향했다. 목적지에 도착하면 묘 자리에 표시를 하고 땅을 판 뒤, 음식과 술, 하닥, 동전을 차렸다. 고인의 머리는 흰색 돌 위에 뉘였고, 곡식 낟알을 무덤 위에 뿌렸다. 추모객들은 뒤를 돌아보지 않은 채 왔던 길과는 다른 길로 무덤을 떠나 집으로 향했고, 집에 돌아오면 정결 의식으로 두 난롯불 사이를 지났다.

추모객들은 새로운 장소로 옮겨놓은 게르에 모여 밤을 지새우며 경야經夜를 보냈다(이때 술은 마시지 않았다). 장례식 후 며칠간 가족들은 근처에 있는 사찰을 찾아 기도를 올렸다. 장례 후 21일째 되는 날, 고인이 가장 숭배했던 신의 모습을 담은 그림이나 조상을 만들고 쌀 한 그릇을 무덤 앞에 차려놓고 무덤 위에 보드카를 뿌렸다.

【 공동묘지와 기념물 】

1930년대에 억울하게 반역죄를 뒤집어쓰고 총살당했던 사람들(대개 라마승이었다)의 유해가 묻혀 있는 대규모 비밀 무덤이 1990년 이래 여러 곳에서 발견되고 있다. 이 경우, 신원 확인을 위해 법의학적 조사를 실시한 후 가능하다면 대부분 유해를 화장하여 적절한 사리탑 안에 안치한다. 정부는 이 같은 정치적 억압의 희생자들을 기리고 그 후손들이 합당한 보상을 받을 수 있도록 현행법 차원에서 배려를 하고 있다. 울란바토르에는 '정치적 억압의 희생자들'을 기리는 위령비가 있으며, 처형당했던 전직 총리 겐덴의 자택은 박물관 겸 기록 보관소로 사용되고 있다.

1921년의 혁명 이전까지는 몽골에 있는 동상이라고 하면 사찰에 있는 부처상과 종교를 주제로 한 것들이 대부분이었다. 이후 1990년이 될 때까지는 레닌과 스탈린 같은 공산당 지도자나 수흐바타르 같은 '영웅적인' 자국의 군인, 근면한 노동자들과 만주제국에 반기를 들고 일어났던 사람들이 추앙받았다. 제2차 세계대전 이후에는 주코프 장군부터 체덴발 총리에 이르기까지 '사회주의 영웅들'의 흉상과 동상이 많이 세워졌다. 크렘린 옆에 레닌 영묘를 조성한 소련의 사례를 본받아, 몽골은 울란바토르의 옛 수흐바타르 광장에 있는 정부종합청사 앞에 수흐바타르와 초이발산의 묘를 만들었다. 두 공산주의 지도자들의 동상은 노동절과 러시아 혁명 기념일인 11월 7일과 몽골 혁명 기념일인 7월 11일이면 그 앞을 행진하는 군대와 현수막을 든 노동자들의 경례를 받을 수 있도록 묘의 발코니에 세워졌다. 하지만 이제 이 광장은 칭기즈칸 광장으로 이름이 바뀌었고, 이 광장에 칭기즈칸 동상을 건립하기 위해 이 두 사람의 묘를 허물어버렸다.

현재 정치 지도자와 그 밖의 위인들을 기리기 위한 국립묘지가 울란바토르의 알탄 울기에 있다. 이곳은 2005년에 수흐바타르와 초이발산의 묘를 새롭게 조성한 곳으로, 이들의 묘 주위로 울타리가 쳐지고 경비가 세워져 있다. 현대에 조성된 묘지에는 때때로 정교한 무덤과 비석이 있는 곳도 있다. 가령, 비행기 조종사였던 고인을 위해 모형 비행기 조형물을 세우거나 '기도 깃발'을 대신해서 자동차 엔진 냉각 팬이 바람에 돌아가게 만들어 놓기도 한다. 반면, 오래된 묘지에는 위구르 문자로 적혀 있는 비석 하나만이 무덤을 표시한 채 초라한 모습을 하고 있는 경우가 많다. 때때로 무덤은 도굴되기도 하고, 게르를 세울 장소를 물색하는 사람들에 의해 훼손되기도 한다.

민주화 이후 공산당 숙청이 다시 새롭게 평가되었지만, 1930년대에 몽골의 독재자가 된 혁명 지도자 초이발산의 동상은 여전히 국립대학교 외부에 세워져 있다. 그의 후계자이자 '몽골의 브레주네프'로 불렸던 체덴발은 1970년대에 우브스도道에 있는 그의 자택에 자신의 흉상을 세웠다. 최근에는 그의 후손과 추종자들이 그를 복권시키려는 시도를 한 후, 드라마 극장 반대편에 그의 동상 하나가 제막除幕되었다. 혁명 이전의 역사에 대한 몽골 국민의 관심이 새롭게 고조되면서 과거에는 금지 대상이었던 많은 기념물이 새롭게 세워졌다. 그중에는 복드 칸의 첫 번째 정부에서 외무상을 맡았던 칸도르즈와 러시아 제국이 복드 칸에게 파견한 특사 이반 코로스토베츠의 기념물도 포함된다.

04

몽골인과
친구 되기

개인적인 차원에서 보면, 정치 이슈가 사업이나 사생활에 직접적으로 영향을 미치지 않는 한, 보통 몽골 사람들은 정치에 크게 관심을 가지지 않는다. 몽골 사람들은 외국인들이 몽골어로 의사소통하려고 노력하고 몽골의 생활방식과 관습을 배우고 싶어 하면 이를 높이 평가한다. 그래서 외국인들이 문화적으로나 말로 실수를 하더라도 크게 개의치 않는다. 몽골 사람들은 손님들로부터 얻는 새로운 정보와 더 넓은 세상 이야기에 관심을 가진다. 또한 새로운 기술과 기능을 배우는 데 열심이다.

외국인에 대한 태도

칭기즈칸이 이끄는 몽골은 1207년부터 국가로서 세력을 팽창하기 시작한다. 그러면서 오늘날의 북중국에 해당하는 지역에 위치했던 탕구트(서하), 여진(진), 거란(서요)과 같은 주변국들과 갈등을 일으킨다. 중국의 기록에는 이들 국가가 중국식 국명과 연호로 기록되어 있지만, 이들은 몽골, 터키, 만주 출신 부족과 민족이 뒤섞여 정착하면서 만들어진 국가였다. 몽골 민족과 혈연관계가 없었던 이 나라들은 칭기즈칸 제국이 '영원한 하늘의 세력 아래에서' 성장하기 시작하면서 대량학살의 대상이 되었다. 몽골군은 투르키스탄을 침략하고 위구르, 아랍, 호라즘 지역의 페르시아 민족을 정복했다.

몽골군의 1차 러시아 원정(1223년) 후 북중국(송나라) 정벌에 나섰던 칭기즈칸은 사망한다. 그 후 2대 대칸 오고타이 칸은 야율초재의 건의에 따라 민간인 계층을 제거하는 대신 세금을 징수했다. 진의 관료였던 야율초재는 칭기즈칸을 위해 여러 징조를 해석해주었던 인물이다. 유교를 신봉했던 그는 민간과 군사 당국을 분리하고 낮은 세율을 도입하면서 몽골 행정부를 개혁했다. 몽골제국의 지방 행정부는 대개 다른 지역에서 데려온 관료들의 감사를 받았다. 몽골의 국가 안보를 유지하기 위해 지방 관료들은 몽골어를 배우는 것이 금지되었다.

몽골제국이 붕괴된 후 몽골 민족이 살았던 땅은 만주족(청)의 지배 아래에 들어갔고, 몽골 민족은 만주족의 피지배 민족으로 취급되었다. 몽골 부족장들의 세력이 약해졌으며, 몽골 민족은 외국의 관습과 풍습이 침투하는 것에 당연히 분노했다. 청나라가 몰락하자 몽골은 안도의 한숨을 돌리며 1911년에 독립을 선언한다. 하지만 그것도 잠시. 곧이어 몽골은 중화인민공화국군의 침략에 경악하게 되었다. 이후 중국 군대가 철수하고 러시아의 지원하에 몽골혁명군이 승리를 쟁취한다. 하지만 몽골 국민은 공산주의 이론을 도입하면 모든 것이 근본적으로 다 바뀐다는 사실을 이내 깨달았다. 즉, 그들의 전통적인 불교 신앙이 파괴되고 작은 나라가 분단될 수 있다는 현실에 직면한 것이다. 1960년대 들어 몽골은 소련의 영향권 아래에 들면서 중국을 두려워하게 된다.

1990년에 몽골에 민주주의가 탄생하면서 몽골 국민은 그동안 그들이 꿈꾸었던 많은 자유, 듣기만 했지 경험하지는 못했던 서양 사상들, 다시 돌이킬 수 있는 그들의 전통 사상들을 선물로 받았다. 구세대는 지금도 여전히 러시아와의 '형제적 관계'에 미련을 두고 있지만, 신세대는 독자적 행보를 원했으며 중국 제품을 수입하여 소비자 붐이 이는 것을 선뜻 수용했다. 그들은 자유롭게 해외여행을 했고, 그들처럼 사회주의 세계의 시민이었던 적이 없는 외국인들을 만나서 친구가 되는 자유도 누렸다. 이러한 접촉에 대한 그들의 기대치는 높은 상태다.

【 '영원한 이웃' 】

2014년, 러시아의 푸틴 대통령과 중국의 시진핑 주석이 몽골을 방문한 후, 몽골의 엘벡도르지 대통령은 몽골이 "두 강대국을 영원한 이웃으로 둘 수 있어서 행운"이라는 언급을 해야 하는 압박을 받았다. 이런 말을 한 그의 목적은 당시 대후랄 소속의 한 의원이 TV에서 했던 반중 발언의 파장을 희석시키는 것이었다. 이 의원은 타반 톨고이 석탄 광산을 중국 철도 시스템에 연결시키기 위해 몽골에 중국의 궤도철도 노선을 건설하면 중국 노동자들이 몽골에 불법적으로 땅과 부동산을 취득할 수 있게 된다는 허위사실을 주장했다. 이 발언으로 인해 몽골에서는 반중 감정과 불만이 야기되었던 것이다.

위대한 러시아를 표방하는 러시아의 민족주의와 러시아 정교회의 권력이 성장하면서, 칭기즈칸이 러시아를 정복했던 사실이 러시아와 몽골 사이에 다소 껄끄러운 장애가 되었다. 엄연한 역사적 기록이 있음에도 불구하고, 오늘날 일부 러시아 역사가들은 황금 군단이 러시아를 침략한 적도 없을뿐더러, 바투 칸은 사실 러시아의 영웅 알렉산드르 넵스키라고 주장한다. 다른 역사가들은 비정통적인 러시아 역사가 레프 구밀료프(1912~1992년)의 유라시아 이론을 선호한다.

몽골은 1691년에 청나라와 동맹을 맺은 후 러시아와의 무역이 금지되었다. 청은 만주제국이었지만, 중국Middle Kingdom은 한족 관료와 무역상의 지배를 받았다. 몽골인들은 1911년에 독립을 선언하기 전까지 가난에 시달리고 퇴보하고 죽어갔다. 러시아가 몽골에 관심을 가졌지만, 1915년에 중국이 외몽골에 대한 영유권을 주장하자 이를 인정했다. 이후 1917년에 볼셰비키가 러시아 정권을 장악하면서 몽골의 독립을 인정했고, 이후 1921년에는 몽골 공산당의 통치를 주장함으로써 몽골은 러시아의 첫 번째 위성국가가 되었다. 소련공산당의 몽골 역사 다시 쓰기는 소련의 통제가 낳은 결과 중 하나다.

제2차 세계대전이 끝나갈 즈음, 서방 세계는 일본의 북중국 점령을 종식시키는 데 조력하는 대신 몽골에 대한 지배력을 유지하겠다는 스탈린의 제안을 받아들였다. 처음 한동안 몽골은 중화민국의 인정을 받은 러시아의 벽지에 불과했다. 하지만 마오쩌둥이 이끄는 중국공산당이 1949년에 승리하자, 중국공산당과 소련공산당의 사이가 악화되면서 후미진 벽지였던 몽골은 사상 투쟁과 군사 대결의 전선이 되었다. 중국의 '문화혁명' 기간 동안, 네이멍구 주민들은 큰 고통을 받았고, 몽골 지도자들은 추방되고 몽골의 전통적인 삶이 붕괴되었다. 중국은 소련의 '대국주의'에 대한 저항의 일환으로 국방을 재정비하고, 네이멍구와 인근 지방의 국경을 수정했으며, 민간인을 국경에서 먼 곳으로 이주시켰다.

소련은 시베리아를 관통하는 통신 라인을 더 잘 보호하기 위해 완충 역할을 하는 몽골의 국방, 경제, 인프라를 강화했

다. 크렘린은 소련을 몽골 사회에서 늘 존경받는 '큰형(아흐)'의 이미지로, 몽골은 집안의 난로를 수호하는 '막냇동생(두우)'의 이미지로 심고, 양측의 관계를 '형제(아흐 두우)' 관계로 규정했다. 몽골인들은 러시아인들이 몽골의 종교와 전통을 무시하고 너무 술을 많이 마신다고 생각했다.

몽골은 1990년에 자유를 확고히 하면서 과거 동서(러시아 대 미국)로 양분되었던 국가가 남북(러시아 대 중국)으로 양분되었다. 그러면서 몽골에는 70년 가까이 러시아에 점령당한 데 대한 반감이 쌓였다. 양국 간의 국경 변경, 몽골의 천연자원 착취, 정치적 박해, 군사적 목적의 영토 점령, 환경 훼손 등으로 인한 불만이 쌓여 있었던 것이다. 몽골은 소련이 선동한 정치 숙청으로 3만 명 이상이 목숨을 잃었으며, 몽골의 전통 문자인 위그르 문자도 잃었다. 또한 자국의 고유한 역사 서술뿐만 아니라, 정치적 자유, 양심의 자유, 국제적 거래의 자유를 부정했다. 러시아가 막대한 몽골의 원조 부채를 미국 달러로 지불하라고 요구함에 따라, 장기적 경제 재정 원조와 문화 개발의 혜택에 대한 논의 기반이 약화되었다.

중국은 '문화혁명' 후 몽골과의 관계를 점진적으로 개선했다. 그럼에도 불구하고 몽골인들은 여전히 중국을 꺼림칙하게 여겼다. 덩샤오핑이 염두에 두었던 것으로 알려진 바와 같이, 몽골인들은 중국이 홍콩과 마카오의 뒤를 이어 언젠가는 타이완과 몽골의 '잃어버린 영토'를 되찾을 생각이라며 우려했다. 게다가 역사적으로나 종교적으로나 몽골은 티베트와 오랫동안 긴밀한 연결 고리로 연결되어 있다. 특히 몽골은 달라이 라마를 그들의 종교 지도자로 지지하고 있다. 이는 티베트 역사를 고쳐 쓴 중국의 입장과는 모순된다.

만주제국의 침략과 식민 지배, 중국의 착취라는 경험은 정복에 의한 것이건, 교역에 의한 것이건, 중국화의 위험에 대해 몽골 국민에게 강한 경각심을 유산으로 남겼다. 몽골 사람들은 해외 중국 동포(후자)를 싫어하며 몽골 여성이 외국인, 특히 중국 남성과 결혼하는 것을 용납하기 어려워한다. 실제 혼혈(에를리즈)이거나 아니면 혼혈로 추정되면 특히 심한 멸시를 받았다. 몽골인들의 눈에 비친 중국은 언제나 역사적 위협이자 도전의 대상이었다. 반면 러시아는 공산당 통치로 인해 부정적인 영향이 남아 있음에도 불구하고 대체로 친화적이고 호의적인 이미지를 가졌다. 하지만 최근 푸틴이 이끄는 러시아의 '신新 러시아인들'의 태도 때문에 이와 같은 몽골인들의 생각이 달라졌다.

2001년에 중국과 러시아가 설립한 상하이협력기구는 양국 모두에게 의존하는 몽골로서는 하나의 도전이 되었다. 몽골 입장에서는 이 기구에 옵서버 지위로 참여하는 것이 적절해 보였으나, 러시아와 중국은 몽골이 정회원으로 가입할 것을 요구했다. 상하이협력기구의 공식 엠블럼을 보면, 회원국을 나타내는 짙은 푸른색 반구 안에 회원국들이 밝은 푸른색으로 표시되어 있는데, 그 한가운데에 위치한 몽골의 자리만 쏙 빠져 있다! 몽골은 푸틴의 러시아와 시진핑의 중국의 손 안에서 좌지우지되는 약소국의 운명을 잘 알고 있다. 그래서 '제3의 이웃'과 교류를 유지하면서 계속해서 새로운 동반자 관계를 수립하고 있다.

【 '제3의 이웃' 】

'영원한 이웃', 러시아와 중국이 몽골에 미치는 영향력의 균형을 잡으려는 노력의 일환으로, 몽골은 미국, EU, 일본에 초점을 맞춘 '제3의 이웃' 정책을 추구하기로 했다. 이들은 모두 정치적으로 영향력이 있고 경제적으로 강력한 강대국이다. 몽골은 중세에는 유럽과 정치적 접촉이 거의 없었다. 접촉했던 상대는 십자군과 교황청 대표가 대부분이었다. 1921년 혁명 이후 한동안 몽골은 독일, 프랑스와 접촉을 유지했으나, 소련이 몽골의 정치와 경제를 독점하면서 이들과의 관계는 없었던 것으로 되었다. 제2차 세계대전 이후, 몽골은 동독과 소련의 다른 유럽 위성국가들과 외교 관계를 수립했으며, 공산권 경제 상호원조위원회 코메콘을 통해 경제 관계를 맺었다. 또한 서독과도 외교 관계를 수립했다.

1911년, 몽골이 청나라로부터 독립을 선언했을 때, 몽골은 미국을 비롯한 다른 나라들에게 이를 인정해달라는 요청을 했다. 하지만 중국 북쪽 국경지대의 장자커우에 미국 대표부가 있었음에도 불구하고 몽골의 요청은 무시되었다. 만약 이 당시 미국이 몽골의 요청에 긍정적으로 화답했다면, 미국은 2011년에 몽골과의 국교 수립 100주년을 기념할 수 있었을 것이다! 하지만 실제 미국과 몽골의 외교 관계는 1987년이 되어서야 수립되었다. 그 주된 이유는 미국이 1953년 몽골의 독립 인정을 철회한 중화민국(타이완)을 인정했기 때문이다. 반면 영국은 1963년에 몽골을 인정한 최초의 서유럽 국가가 되었다.

미국은 IMF와 같은 국제기구에 영향력을 행사하여 몽골의 경제 개발을 지원했다. 몽골 병사들은 현대적인 군사훈련을 받았으며, 아프가니스탄과 차드 등 세계 각지에서 유엔평화유지군으로 활약했다. 이밖에도 몽골은 미국의 태평양 사령부와 함께 하는 합동 훈련에도 참가하고 나토의 여러 부처와 협약을 체결했다. 하지만 2014년에 몽골은 자국에 부대를 주둔시키겠다는 미국의 요구를 거절했다. 그동안 미국과 몽골은 대통령들이 상대국을 방문했고, 그러면서 미국의 무역 기구나 교육 기관이 몽골에 자리를 잡게 되었다. 오래전부터 미국은 몽골 청년들에게는 동경의 대상이어서, 미국 대학교 입학 경쟁은 매우 치열하다. 또한 미국 대사는 몽골에서 상당한 영향력을 지닌 인물이다.

몽골의 숙적 일본(일본은 식민지 시대 일본의 지배 아래에 있었던 괴뢰국가 만주국을 만든 당사자이자, 할힌 골 전투를 촉발하고, 1945년에 북중국에서 정권을 장악했다)은 이제는 몽골의 새로운 우방이자 파트너이며, 중요한 원조 공여국이다. 일본인들은 그들이 몽골인들과 같은 조상을 두고 유사한 언어를 사용하기 때문에 서로 밀접히 관련되어 있다고 생각한다. 이들 외에도 몽골은 대한민국을 또 다른 주요 파트너 국가로 두고 있다. 한국에는 8만 명의 몽골인들이 가사 도우미나 기타 직업에 종사하고 있다. 몽골과 북한의 관계는 평양 정권의 특수성 때문에 문제가 많다. 그래도 몽골은 북한과 어떤 형태로든 관계를 수립하기를 희망하고 있다. 그렇게 되면 미국과 북한을 잇는 몽골의 중개자 역할이 중요해질 것이기 때문이다.

혈맹에서 동지로

몽골을 비롯한 유목사회에서는 부계 혈통 중심으로 이족혼이 이루어졌으며, 친족만이 동맹이라는 친족 중심 사회였다. 하지만 혈맹(안다)을 통해서 어느 정도 융통성 있게 꾸려졌다. 컵 안에 두 사람의 피를 섞어서 함께 나누어 마시고 서로 형제애와 존경심을 맹세하는 의식(안들라흐 요스)을 치름으로써 '혈맹 관계(안다 나이츠, 의형제)'가 맺어졌다. 이들은 선물을 교환하고 한동안 같은 게르에서 생활했던 것으로 보인다. 혈맹은 동맹을 형성하는 중요한 방법이었다. 동맹을 만드는 또 다른 방법은 바로 '결혼 동맹(쿠다)'이 되는 것이었다. 즉, 자녀를 서로 혼인시킴으로써 양쪽 집안이 동맹이 되는 것이다. 때때로 결혼 동맹은 상호적으로 이루어지기도 했다. 며느리를 맞은 시아버지가 동맹이 된 사돈집에 다시 딸을 시집 보내는 식이다. 칭기즈칸은 안다이자 쿠다, 다시 말해 혈맹과 결혼 동맹, 두 가지 동맹

관계를 모두 맺었다.

현대 몽골 사회에서는 친구 사이를 안면이 있는 지인(타닐)과 원래는 비즈니스 파트너를 말하는 단짝 친구(툰슈)로 구분한다. 일반적으로 친구라는 말은 나이츠이며, 좋은 친구는 때때로 나이츠 너커르라고 한다. 남자친구는 에레그테이 나이츠, 여자친구는 에메그테이 나이츠다. 칭기즈칸 시대에 너커르는 '동반자'를 의미했으며, 통치자의 시종과 경호원을 일컫는 말로 사용되었다. 하지만 집사나 마부, 화살통 운반자만을 가리키는 것이 아니라, 충성심이 대단한 무사와 사령관도 이렇게 불렸다. 현대에 와서 너커르는 정치적 의미로 '동료', '동지'를 뜻하고, '남편'을 의미하게 되었다.

몽골에서 우정은 친족들 사이에 형성되고, 가문 밖에서는 학교나 대학교에서 친구 관계가 만들어진다. 동창회는 중요한 행사라서 언론에 사진과 함께 보도된다. 어린아이들은 여름 캠프(주슬란)에서 새로운 친구를 사귄다.

몽골인을 만나기

개인적인 차원에서 보면, 정치 이슈가 사업이나 사생활에 직접적으로 영향을 미치지 않는 한, 보통 몽골 사람들은 정치에 크게 관심을 가지지 않는다. 몽골 사람들은 외국인들이 몽골어로 의사소통하려고 노력하고 몽골의 생활 방식과 관습을 배우고 싶어 하면 이를 높이 평가한다. 그래서 외국인들이 문화적으로나 말로 실수를 하더라도 크게 개의치 않는다. 몽골 사람들은 손님들로부터 얻는 새로운 정보와 더 넓은 세상 이야기에 관심을 가진다. 또한 새로운 기술과 기능을 배우는 데 열심이다.

외국인들은 직장에서 몽골 친구를 사귈 수 있다. 또한 클럽이나 스포츠 센터처럼 공통 관심사를 나눌 수 있는 곳이라면 어디든 서로 친구가 될 수 있다. 외국 업무와 언어 교육에 관심이 있는 포커스 그룹에서도 친구를 만들 수 있고, 종교 기관과 자선단체와 협력하면서 친구를 사귈 수 있다.

몽골을 처음 방문하는 사람들 대부분과 몽골 손님을 맞는 외국인들은 양쪽 모두의 이름과 직업을 아는 제3자로부터 소개를 받는 것이 보통이다. 남성들 사이에서, 그리고 일부 여성들과 악수를 하는 것이 보편적인 일이 되었다. 몽골 사람들은 처음 만났을 때, 혹은 사진을 찍을 때 대개는 미소를 짓지 않는다. 몽골 사람들은 영어를 연습하거나 자랑하고 싶을 때 영어로 말을 하는데, 그렇지 않을 경우에는 처음 만나면 말수가 없는 것처럼 보일 수 있다.

아무리 사업차 만나는 경우라 하더라도, 본론에 들어가기 전에 먼저 일반적인 화젯거리(축구나 경마, 골프처럼)로 대화를 시작해야 한다. 상대방과 공통의 관심사를 나누는 것도 좋다. 낚시나 우표 수집 같은 취미가 있는가? 해외로 여행했던 경험이 있는가? 휴가는 어디에서 보내는가? 일단 이런 주제로 공통 관심사에 대해 이야기를 나누게 되었다면, 근처 레스토랑에서 함께 식사하자는 제안을 할 수 있겠다. 어디가 좋을까? 어떤 음식을 먹을까? 몽골 음식이나 중국 음식, 아니면 한국 음식이 좋을까?

이에 반해 도시가 아닌 시골 지역에 사는 몽골 사람들을 만나면 사정은 많이 다르다. 그들과는 공통적인 배경이 훨씬 적기 때문이다. 물론 최근에 휴대폰이 많이 보급되면서 상황이 크게 달라졌지만 말이다. 도시보다는 시골이 전통이 더 강하고 사람들은 더 자연 친화적이다. 시골 사람들의 주요 관심

사는 가족과 가축이다. 그들은 소박하고 전통적인 음식을 즐긴다. 시골에서는 가벼운 모임일지라도 가족이 사는 게르로 초대를 하는 경향이 있다. 하지만 사전 약속이 없다면 게르로 초대되는 일은 거의 없다. 긴급 상황이라면 너무 멀지 않은 곳에 사는 이웃이 여러분을 집에 묵게 할 수도 있다. 여러분은 외국 방문객이므로, 이들에게는 여러분 자체가 여흥이 된다! 여러분은 차와 마유주, 또는 보드카를 대접받고 담소를 나누다가 호기심이 충족되면 다시 길을 떠나면 된다. 흥미롭고 친숙하며 재미있지만 일시적인 경험이 될 것이다. 집을 방문할 때에는 문지방을 밟으면 안 된다. 액운을 불러올 수도 있기 때문이다!

몽골 가정 방문하기

다른 나라들과 마찬가지로 몽골에서도 집에 초대받는다는 것은 그냥 아는 사이에서 한 단계 더 친밀해졌음을 의미한다. 도시에 있는 가정에 초대되었다면 아마도 집 주인이 차로 데리러 오거나 다른 친구가 집까지 데려다 줄 것이다. 당연히 몽골의 집도 주인의 사회적 신분과 소득에 따라 크기와 상태가 차이가 난다.

몽골에서는 여러 세대가 한 지붕 아래에 살기 때문에 몽골 가정에 초대되면 아마 처음에는 누가 누구인지 혼란스러울 것이다. 먼저 가족들의 이름을 제대로 익히려 노력하는 것부터 시작하자(249쪽 참조). 대부분 초대한 집주인과 안주인의 이름은 이미 알고 있을 것이다. 만약 그들의 자녀가 어느 정도 나이가 들었다면, 이름을 적어달라고 하자. 여러분은 집주인의 신분에 따라 그 자녀들에게 어떻게 말을 걸지 정해야 한다(248쪽 참조). 자녀 말고 다른 사람들도 여러분의 얼굴을 보러 나올 것이다. 비록 누가 친척이고 누가 친구인지 분류하는 데 시간이 좀 걸리더라도, 사람들의 이름을 소개받으면 기억하려고 노력하자. 가족 중에 가장 나이가 많은 부부는 이 집 아이들의 할아버지와 할머니다. 문제는 친가 쪽인지 외가 쪽인지 아는 것이다. 이럴 때에는 족보를 그린 다음, 아무에게나 가족들의 관계가 어떻게 되는지 물으면 된다. 그런데 족보를 그리려면 아마 커다란 종이가 있어야 할 것이다(몽골식 족보는 가운데를 중심으로 바깥쪽으로 뻗어나가도록 그린다). 그러면서 여러분의 가족 이야기도 꺼내면 좋다. 빨랫줄에 빨래가 걸려 있는 모양으로 그리는 서구식 족보로 여러분의 가족을 설명해주자. 여러분이 사는 곳은 어디인가? 여러분의 집이나 고향 사진, 작은 고국 지도 등이 있으면 보여주면 좋다.

만약 여러분이 새로 사귄 친구라면, 집주인은 여러분에게 다진 양고기 만두와 보드카를 대접한 다음, 뒤로 기대어 앉아서 여러분이 식사하는 모습을 지켜볼 것이다. 이것이 바로 손님을 환대하는 몽골식 방법이다. 몽골에서는 손님에 대한 배려가 우선시된다. 만약 처음 알게 된 사이보다 한 걸음 더 가까운 사이라면, 아마 주인장도 손님인 여러분과 함께 식사를 할 것이다. 아마 그들은 여러분에게 경의를 표하며 건강과 성공적인 여행을 기원하면서 즉흥적으로 건배를 할 것이다. 그러면 여러분도 같은 식으로 답례해야 한다. 여러분이 하는 말은 통역되어서 다 이해되겠지만, 몽골어로 한마디 덧붙인다면 주인장을 (그리고 여러분 자신도) 깜짝 놀라게 할 수 있을 것이다. "에루울 멘디인 툴루!"("건강을 위하여!")

게르 안에서 음식은 보통 등받이가 없는 의자와 함께 놓여 있는 낮은 테이블에 차린다. 테이블 위에는 주전부리로 다양한 무염 건조 치즈와 크림, 패스트리가 놓여 있는데 모두 꽤 딱딱하다. 음식을 조리하는 동안 수우테이 차이(밀크티)를 마시

면서 담배나 코담배를 돌린다. 관습상 코담배 통은 오른손으로 건네받으면서 모양과 장식을 칭찬한다. 코담배를 맡지 않는다면 통의 뚜껑을 닫은 채 냄새를 맡도록 한다. 아마도 대화는 손님을 중심으로 진행될 것이며, 여행이나 날씨에 대한 질문을 받을 것이다. 그러면 손님은 주인장 목동과 가족, 가축의 건강과 안부가 어떤지 물어야 한다.

데이트하기

몽골에서 외국인과 연인 관계인 경우가 예전에 비해 확연히 많아졌음에도 불구하고, 몽골인들은 여전히 눈살을 찌푸리는 경향이 있다. 그래도 몽골 가족들은 일단 사실을 받아들이면 외국인 친구도 몽골 친구처럼 선뜻 환대한다. 하지만 몽골에서는 사생활 보호가 상당히 제한된 경우가 많다.

　　몽골에서 출판된 『영어권 방문객을 위한 여행자용 몽골어 가이드(Travellers' Language Guide for English-Speaking Visitors)』(2006년)에서는 특이하게도 데이트나 연애에 대해서 몇 페이지를 할애하고 있다. "오늘밤에 데이트 할래요?"에서부터 "미소가 참 사랑스럽네요!", "당신을 많이 좋아해요!", 그리고 더 나아가서 "같이 자고 싶어요!", "콘돔은 필수예요." 같은 말이 담겨 있다 (219쪽 참조).

05

/

몽골인의
가정생활

몽골의 시골 생활은 시계 눈금이 아니라 자연의 순환에 따라 모든 것이 다 돌아간다. 이곳에 서는 대단히 자유롭게 이동할 수 있지만, 텅 빈 광활한 공간은 안전하면서도 동시에 위험할 수 있다. 이런 환경에서 성장한 아이들은 독립심이 있고 자기 앞가림을 하는 데 익숙하다. 이 들은 어린 동생들을 챙기거나 새끼 동물을 돌보는 책임을 지며 자란다. 보통 하루의 식사 시 간은 그날 하는 일에 따라 달라지지만, 대체로 저녁식사가 중요하게 여겨진다. 밀크티와 패스 트리, 치즈와 같은 간식은 일상적으로 언제나 먹을 수 있게 준비되어 있다.

주거

1990년까지 몽골에 있는 모든 건물은 국영 기업이나 조합이 건설하고 소유했다. 아파트와 도시 주택은 지방정부가 주민에게 배당한 후, 명목상의 임대료를 받았다. 이 임대료 안에는 사용량과 무관하게 책정된 전기료, 수도세, 난방비도 포함되어 있었다. 모든 시민은 신분증에 주거지 주소를 등록하게 되어 있었다. 이 신분증은 수년간 '국내용 여권'이라고 불렸다.

1950년대와 1960년대 기간 동안 농업의 공영화가 완료되면서, 땅과 건물, 장비는 축산 조합(네그델) 소유가 되었다. 조합원들은 주로 현물로 보수를 받았지만 어느 정도는 현금도 받았다. 이들은 사유물로 가축을 제한된 수만큼 소유할 수 있었다. 곡물 재배 농민들은 국영 농장이라는 울타리 안에 조직화되었다. 국영 농장은 산업체처럼 운영되었고 임금을 지급했다.

1990년대 초에 들어서면서 민주주의 혁명이 전개되자, 소유권에 대한 주장이 우후죽순처럼 등장했고, 주거를 시작으로 국유 건물이 사유화되었다. 조합과 국영 농장은 대부분 해체되었고, 가족이나 개인은 아무 비용도 지불하지 않고 거주지의 소유자로 등록했다. 나중에 주택 시장이 발달하면서 사람들은 원하는 대로 주택을 사고팔 수 있게 되었다. 오늘날에는 부동산 소유권은 국가 등록부에 등록되며, 양도와 상속의 대상이 될 수 있다. 수도와 전력 공급이 사유화되었지만 아파트 건물에 전기나 수도 계량기가 없었기 때문에, 건물별 사용료는 아파트 소유자들의 동의하에 동등하게 배분되었다. 아파트 수리 유지비도 마찬가지로 공동 부담이었지만, 많은 사람이 지불할 능력이 되지 못했다. 결국 낮은 기준에 따라 1950년대와 1960년대에 완공된 건물들은 심하게 부식되어서 외벽으로부터 석고가 떨어져 나오고 지붕에는 물이 새고 페인트칠은 벗겨졌다. 일부 주민들은 자발적으로 주민협의회를 만들어서

주요 수리 비용을 마련하기도 했다.

　2003년에 무료 토지 분배가 도입되었을 때, 필지의 크기에 대한 규정이 정해졌다. 도시 지역의 필지는 규모가 작았지만, 시골 지역의 필지는 이보다 컸다. 시골에 사는 사람들은 땅으로 근근이 먹고 살지만 도시 거주자들은 그렇지 않다는 사실을 근거로 한 조치였다. 필지 소유자들은 대부분 자기 소유의 집을 짓고 싶어 했다. 지금 현재는 규제가 잘 정비되어 있는 자유로운 토지 주택 시장이 존재한다. 또한 고금리 모기지도 받을 수 있다. 넓은 면적의 도시형 한가구 주택(하우스)과 러시아 스타일의 다차스(주슬란)에서 주택개발단지(호룰롤)에 있는 아파트(바이르)나 다세대 건물에 이르기까지 다양한 수준의 부동산이 있다. 도시 빈민들은 협소한 한가구 주택이나 조악하게 지은 나무 판잣집, 복합주택단지 안에 있는 게르(게리인 호룰룰)에서 많은 경우 편의 시설이 마련되지 않은 상태로 생활한다. 게르는 부동산으로 간주되지 않기 때문에 상속세 없이 상속되거나 사고 팔 수 있다.

2010년 실시된 인구주택조사에 따르면, 몽골에 있는 71만 3780세대 중 거의 절반가량이 게르에서 살고 있으며, 간신히 절반을 넘은 세대만이 상설 건물에서 거주하고 있다고 한다. 대부분의 세대가 사유지에서 살았지만, 21만에 육박하는 세대는 상하수도 시설이 갖추어지지 않은 곳에서 살았다. 게르에 거주하는 세대 수는 도시 지역에서는 약 15만 7000세대였고 시골 지역에서는 이보다 조금 많았다. 또한 불과 13만 9000세대 정도만이 전기시설의 수혜를 보고 있었다. 15만 6000세대는 말린 분뇨나 나무를 땔감으로 쓰는 난로로 난방과 요리를 했으며, 12만 8000세대는 구덩이를 파서 만든 변소를 사용했다. 울란바토르에는 633개 수도 공급소와 253개 공중 목욕탕이 있었다. 울란바토르에 있는 약 30만 2000세대 중에서 10만 세대 이상이 아파트에 거주했고, 9만 세대는 한세대 주택에, 8만 7000세대는 게르에서 살았다. 이 같은 통계 결과를 보면, 현대적 주거 건설이 도시 유입 인구와 자연적인 도시 인구 성장세를 감당하지 못하고 있음을 알 수 있다.

세대

2010년 인구통계조사에 따르면, 몽골의 평균 세대 규모는 1세대당 3.6명이었다(울란바토르의 경우는 3.7명이었다). 가장 큰 대가족으로 이루어진 세대(카자흐)는 바얀올기 지방에 있었다(평균 4.4명). 여성 세대주 비율은 도시 전체 세대의 24%였는데, 이혼과 별거 여성의 비중은 꾸준히 증가하고 있는 반면 미망인 비중은 감소하고 있다. 한 공식 보고서에 따르면, 이혼 여성 비율이 이혼 남성 비율보다 높아서 여성들의 재혼 기회가 줄고 있다고 한다. 2010년 현재 초혼 평균 연령은 남성이 26.2세, 여성이 24.2세였다.

2000~2010년 사이의 연간 평균 인구 성장률은 1.5%였다. 2013년 현재 18세 미만의 자녀 수가 네 명 이상인 가정은 3만 7400세대이며, 이는 전년 대비 1만 4000세대가량이 증가한 수치다.

몽골인의 일상생활

울란바토르에 사는 가정은 영국이나 미국의 여느 가정과 유사한 생활양식에 따라 생활한다. 관청의 근무 시간은 오전 8시 30분에 시작하며, 대학교는 7시 40분, 일반교육 학교와 유치원은 8시에 일과를 시작한다. 이렇게 일과 시작 시간이 다른 이유는 교통 체증과 관련되어 있다.

어린이들은 걸어서 혹은 버스를 타고 혼자 등교한다. 일하는 부모들은 버스로 출근하거나 자가용으로 직장에 간다. 그런데 차가 있으면 추운 겨울을 나기 위해 난방시설이 갖춰진 차고가 있어야 한다. 이 같은 맞벌이 가정은 하루 종일 집 밖에서 생활한 후 저녁에 집에 모여 주식을 함께 한다. 거처와 가까운 곳에 빵집이 있어서 간단한 먹거리를 구할 수도 있겠지만, 외국인 방문객들은 슈퍼마켓에 가보면 어떤 상품들이 나와 있는지 직접 볼 수 있다. 고기의 경우 부위별로 자르는 방식이 다를 수 있지만, 외국 브랜드 상품 등을 포함해서 그 외에 많은 부분은 놀랍도록 익숙한 풍경일 것이다. 여성은 식사 준비와 집안 살림 대부분을 도맡아서 한다. 남성은 쇼핑 갈 때 운전을 맡는다.

수도 울란바토르에 가면 여러분의 눈에 전당포(롬바르드)가 많이 보일 수 있다. 대부분의 가정은 약간의 보물이나 유품을 가지고 있다. 그러다가 결혼이나 가족 모임, 심지어 자녀나 친척의 여행과 같은 장기적 지출 때문에 현금이 부족해지면 보물이나 유품을 전당포에 저당 잡히고 현금을 구한다. 전당포는 시 행정 당국의 감독을 받는다. 전당포는 저당 잡은 물건을 팔려면 물건 소유자에게 10일 전에 통보를 해야 한다.

반면 시골 지역에서는 상황이 전혀 다르다. 시골 생활은 시계 눈금이 아니라 자연의 순환에 따라 모든 것이 다 돌아간다. 이곳에서는 대단히 자유롭게 이동할 수 있지만, 텅 빈 광활한 공간은 안전하면서도 동시에 위험할 수 있다. 만약 무슨 문제라도 생긴다면(말에서 떨어지거나 빙판에 구멍이 생겨서 강물에 빠지거나 하는 일이 생긴다면) 도움이나 구조의 손길이 닿기에 너무 멀리 떨어져 있기 때문이다. 이런 환경에서 성장한 아이들은 독립심이 있고 자기 앞가림을 하는 데 익숙하다. 이들은 어린 동생들을 챙기거나 새끼 동물을 돌보는 책임을 지며 자란다. 보통 하루의 식사 시간은 그날 하는 일에 따라 달라지지만, 대체로 저녁 식사가 중요하게 여겨진다. 밀크티(수우테이 차이)와 패스트리, 치즈와 같은 간식은 일상적으로 언제나 먹을 수 있게 준비되어 있다.

여름이면 시골 사람들은 주로 다양한 동물의 젖으로 만든 '하얀' 음식(크림, 우유, 치즈)을 먹는다. 소나 양의 젖을 주로 이용하지만 그밖에도 염소와 야크, 낙타의 젖으로도 만든다. 치즈는 게르 지붕 위에서 햇볕에 말리는데, 다 말린 치즈는 돌덩이처럼 딱딱해진다. 축제 때에도 양을 잡지만, 고기는 대부분 겨울에 먹는다. 겨울이면 추워서 고기를 밖에서 보관하기에 쉬울 뿐더러, 몸에 지방이 더 필요한 시기이기 때문이다. 도시에서는 시골에 사는 친척한테서 받은 소고기와 양고기 다리가 아파트 발코니에 주렁주렁 달려 있는 모습을 볼 수 있다. 누군가 양의 사체를 들고 버스에 타더라도 이를 보고 너무 놀라지 마시라!

몽골의 시골 생활에서 맛볼 수 있는 환상적인 경험은 바로 벨벳과 같은 어두운 밤하늘 속에서 놀랍도록 밝게 빛나는 은하수를 볼 수 있다는 것이다.

몽골에서 자라기

조부모가 한 집에서 같이 살면 (유치원에 다니는) 어린 손주들을 돌봐주기 때문에 맞벌이 부부에게는 큰 힘이 된다. 할아버지, 할머니는 아이들이 바르게 행동하고 몽골의 전통을 지키도록 가르친다. 그러면서도 그런 범위 안에서라면 마음껏 행동하게 해준다. 어렸을 때에는 피크닉이나 여행 같은 공식적인 가족 행사에 열심히 참여하지만, 그 후 청소년이 되면 더 이상 사회 생활에 엄격한 통제를 받지 않는다. 십 대와 새내기 어른들은

일반적으로 자기가 내키는 대로 행동한다. 다만 그동안 배우고 자란 대로 가정과 부족 안에 정해져 있는 기준을 넘어서면 안 된다. 대부분의 경우, 이들은 용돈에서 월급에 이르기까지 나가서 쓸 돈이 있다. 그러나 젊은 이들은 부모로부터 독립할 만큼, 다시 말해 숙소나 자

동차를 사거나 임대할 돈은 충분치 않다. 이들은 대개 결혼이나 자녀 출산 이후에도, 또는 아이를 먼저 낳고 나중에 결혼하더라도 부모의 집에서 함께 산다.

몽골의 대규모 공산당 청년운동단체인 혁명청년동맹은 몽골인민혁명당이 운영하는 단체로서, 몇몇 정치 지망생들에게는 집권당인 몽골인민혁명당 정치국으로 진출하는 발판 역할을 했다. 하지만 혁명청년동맹은 1990년 민주화 직후에 해산되었고, 다당제가 출범하면서 청년, 학생, 여성 등 각계를 대표하는 여러 정치 협회가 창설되었다. 몽골 스키 우트 연맹은 1990년대에 결성되어 많은 회원을 두고 있다. 특별히 눈에 띄거나 영향력을 행사하고 있지는 않지만, 언론에서는 몽골 스카우트에 대해 세계적 단체로 소개하면서 국제 잼버리에 참가한다는 내용을 보도한다.

교육

여름방학 이후 개학과 함께 새로운 학년이 시작되는 9월 1일은 몽골에서 중요한 날이다. 이날 학생과 학부모는 선생님께

드릴 꽃다발을 한 아름 안고 등교한다. 각 학급은 남녀 합반이 며, 학생들은 표준적인 남색 하의에 하늘색 셔츠를 교복으로 입는다. 일부 학교는 학생이 과밀한 탓에, 오전반과 오후반으로 나누어 하루에 반일제 학급 두 반을 운영한다. 목동들은 흔히 유목생활을 하기 때문에, 시골 학교에 다니는 아이들은 주중에는 학교 기숙사에서 생활하고 주말마다 집으로 간다.

몽골 어디에서나 유치원을 찾아볼 수 있는 것은 아니다. 초등교육과 중등교육은 국가에서 재원을 지원하고 일반적으로 7~18세까지 12년간 보편적으로 실시된다. 하지만 연습문제집과 종이는 학부모들이 준비해야 한다. 교과서는 이제 대금을 지불하지 않아도 되지만, 교복은 그렇지 않다. 그래서 교복 비용과 품질에 대해 학부모들의 불만이 많다. 지금은 울란바토르에 영국인 학교와 국제학교 같은 사립학교들이 생겼지만 학비가 비싸다.

대학교와 전문대학에서 공부하는 대학생들, 또는 직업 훈련을 받는 연수생들은 연간 학비를 지불하고 있다. 학부모들은 고등교육 기관 입학 과정에 부정이 있다고 생각한다. 공식적인 입학 시험이 있지만 '비공식적으로 학비를 추가 지불'하면 입학할 수 있는 자리가 많다는 소문이 있다. 몇몇 사립학교를 포함해서 최고 수준의 대학교와 전문대학, 전문학교에 입학하려면 엄청난 경쟁을 뚫어야 한다. 또한 외국 대학교에서, 특히나 영어로 수업하는 대학교에서 장학금을 받는 경쟁률도 어마어마하다. 이런 외국 대학교 중 몇몇 학교는 울란바토르에 분교를 운영하기도 한다.

의료 서비스

다른 분야와 마찬가지로 의료 서비스 분야도 수도 울란바토르에 집중되어 있는 편이다. 울란바토르에 있는 16개 전문 중심 병원의 전반적인 병원 환경은 높은 수준의 전문성을 갖춘 것으로 평가된다. 하지만 그 외의 지역에서는 상황이 개선되고 있다고는 하지만 여전히 좋지 않은 실정이다. 외국에서는 정부 차원으로 몽골에 클리닉과 병원 건설, 설비 마련을 위해 보조금을 지원하고 있다. 종종 오지에 의료 시설을 건설하는 지원도 하지만, 정작 숙련된 의료 인력은 지원 영역에서 제외되어 있다. 그 결과, 시골 지역은 현대적인 의료 시설을 갖추었더라도 그 시설을 제대로 사용하지 못하고 있거나, 아니면 허물어져 가는 건물에서 원시적인 의료 시설만 갖추고 있다. 그래도 국제적인 광산 업체들이 현대적인 건물과 장비, 숙련된 의료 인력을 제공한 덕분에 산업 보건 분야는 굉장한 발전을 이루었다.

몽골의 의료 서비스는 국가가 제공한다. 세금으로 재원을 마련하기 때문에 시민들은 의료 서비스를 무료로 제공받는다. 2011~2013년 기간 동안 의료비 지출은 정부 전체 지출의 6~7%를 차지했다. 그래도 환자들은 많은 부분에서 비용을 부담해야 한다.

몽골에서는 정부와 민간 건강보험제도에 가입하라는 권유를 많이 받는다. 건강보험은 가입자가 월 소득의 일정 비율을 지불하고 그의 고용주가 절반을 부담한다. 건강보험에 가입되어 있으면 연간 일정 금액 안에서 입원, 외래치료, 진단, 검사 비용 등이 보험에서 나온다. 하지만 보험 지급액이 초과되면 환자가 그 초과분만큼 지불해야 한다. 외래환자에게 처방된 의약품은 돈을 지불해야 하지만, 흔히 처방되는 약들은 할인된 가격에 구입할 수도 있다. 몽골 시민이라면 의료보험 가입 여부와 상관없이 응급 처치, 출산 전후 치료, 일부 상처 치료를 받을 자격이 있다. 의료 서비스 분야에는 부정부패가 만연한 것으로 알려져 있다. 의사에게 뇌물을 바치지 않으면 중환자를 치료하지 않는다고 하는 말이 있을 정도다. 투석처럼 제한적인 환자들만 받을 수 있는 치료 역시 뇌물을 제공해야만 받을 수 있다고 한다.

2015년 3월 현재, 몽골에는 HIV 보균자가 매년 14.5%씩 증가하여 9018명으로 집계되었고, 에이즈 환자는 185명으로 집계되었다. 감염된 주사바늘 사용으로 HIV 바이러스가 전파되는 것에 대한 우려가 커지면서 아편/모르핀 밀반입 근절에 대해 여론의 관심이 높아졌다.

병역제도

사회주의 시대 말기에는 몽골 인민군 병역 복무 기간이 모집 단위와 신병의 교육 수준에 따라 달랐지만 일반적으로는 3년이었다. 당시에는 무기며 전문 장비, 훈련법 모두 소비에트에서 가져온 것이었다. 몽골에서는 남성들만 징병 대상이었다. 하지만 1990년 이후 몽골의 정치 지형과 대외 정책을 비롯해서 많은 변화가 있었다. 이에 따라 몽골은 점진적으로 러시아 이외의 국가들에게도 군사 협력의 빗장을 열었다. 미그 전투기들은 분해되어 폐기되었고, 육군 병력 수는 약 만 명으로 감축되었다. 몽골 병사들은 유엔평화유지 작전을 수행하기 위한 훈련을 받았으며, 아프가니스탄과 여러 아프리카 국가에 군대가 파병되었다. 또한 미국, 러시아, 중국, 그리고 기타 국가들과 정기적으로 공동 야전훈련을 실시했다. 러시아는 T-72 탱크를 비롯해서 신형 무기와 군사 장비를 공급했으나 군용 비행기는 여기서 제외되었다. 몽골군은 중장 지휘하에 총사령부를 만들었고, 몽골 대통령이 총사령관이 되었다. 신형 군복이 디자인되고, 장비가 현대화되었으며, 의장대와 군악대가 결성되었다. 그러면서 징집병들의 마음속에 일종의 자부심이 스며들었다. 세계의 여러 수도 중 몇몇 곳에는 군사 담당관이 파견되었다. 또한 가장 전도유망한 젊은 사령관들은 이제 러시아만이 아니라 미국과 영국에 있는 군사학교로 보내졌다.

한편, 새로운 대외정책으로 인해 병역제도가 완화되었다. 입영 통지를 받은 인원의 30%만이 병역에 적합하다는 판정을 받고 있지만 2013년에는 복무 기간이 12개월로 줄었다. 학업 중이거나 생업에 종사하고 있지 않은 18~27세 사이의 모든 남성들을 대상으로 1년에 두 차례 입영 소집이 있다. 이 업무는 울란바토르 지구와 아이막(도道) 군사 당국이 관할한다. 여성도 군대에 갈 수는 있지만 징집 대상은 아니다. 몽골 정부는 군인 수를 늘리고 직업 장교를 결성하기 위해 정기적인 자원병의 복무 기간을 개선하고 있다. 몽골 대통령은 대학생들이 징집되는 대신 방학 동안 두 차례의 군사훈련을 받는 프로그램을 발족시켰다. 극히 일부 남성들은 약 2500달러에 병역의무를 면제받는 것을 선호하기도 한다.

06

여가생활

도시인들은 매일 직장에 출근하는 것으로 일과 여가를 분명하게 구분한다. 야간근무를 하는
교대제 근무자를 제외하고 대부분의 도시 사람들은 일을 하지 않는 공휴일과 주말을 즐긴다.
반면, 시골에서는 가축을 돌보고, 24시간 보호하고, 먹이와 물을 주는 일을 중심으로 삶이
돌아간다. 시골 사람들은 자유시간이 생기면 주로 저녁 TV 방송을 시청한다. 또한 차강사르
와 나담 같은 전통명절이나, 잠시 자리를 비워도 친척이나 친구가 대신 필요한 일을 처리해
줄 수 있을 때에만 휴식을 즐기는 편이다.

몽골 사람들이 여가시간을 어떻게 보내는지 파악하려면 도시 거주민과 시골 거주민의 생활 차이를 다시 한 번 짚어봐야 한다. 도시인들은 매일 직장에 출근하는 것으로 일과 여가를 분명하게 구분한다. 야간근무를 하는 교대제 근무자를 제외하고 대부분의 도시 사람들은 일을 하지 않는 공휴일과 주말을 즐긴다.

반면, 시골에서는 가축을 돌보고, 24시간 보호하고, 먹이와 물을 주는 일을 중심으로 삶이 돌아간다. 시골 사람들은 자유시간이 생기면 주로 저녁 TV 방송을 시청한다. 또한 차강사르와 나담 같은 전통명절이나, 잠시 자리를 비워도 친척이나 친구가 대신 필요한 일을 처리해줄 수 있을 때에만 휴식을 즐기는 편이다.

도시인들은 시골에 사는 사촌들보다 여가시간이 더 많지만, 여가시간 대부분은 집에서 가족과 보낸다. 또는 어린아이들까지 포함해서 가족 단위로 가까운 근교에 나가서 피크닉이나 바비큐 파티를 즐기기도 한다. 도시 사람들은 공공장소에서 말을 잘 하지 않고 조용하게 있는 편이다. 이는 떠들썩하게 구는 것, 특히 술 마시며 소란 피우는 행위는 부적절한 행동으로 간주되기 때문이다. 증가 추세에 있는 전문직 중산층에게

외식은 하나의 일과가 되었다. 이들은 한국 음식을 비롯해서 다른 외국 음식을 먹을 수 있는 레스토랑을 자주 찾는다.

외식

울란바토르에는 다양한 국내외 음식을 구비한 레스토랑과 호텔이 많다. 이런 곳에서는 세계 각지의 요리뿐만 아니라 핫포트hot pot라는 이름으로도 유명한, 고기와 야채를 넣어 끓여 먹는 맛있는 스튜와 몽골식 바비큐 같은 전통 몽골 음식도 맛볼 수 있다. 대부분의 레스토랑에서는 아시아와 유럽 음식을 광고한다. 피자를 비롯한 이탈리아 요리는 특히 인기가 높다. 뿐만 아니라 채식주의자 식당, 엄격한 채식주의자 식당, 유기농 식당도 찾아볼 수 있다.

중국인 직원과 메뉴를 갖춘 훌륭한 중식 레스토랑도 여러 곳 있는데, 대부분 중국 북부지방의 요리를 선보인다. 이외에도 인도식 레스토랑과 한식 레스토랑도 많이 있다. 몽골 전화번호부를 보면 러시아, 일본, 우크라이나, 체코, 터키, 태국 레스토랑 목록도 있으며 우즈베키스탄 레스토랑도 한 곳 소개되어 있다. 혹시 뷔페 리셉션에 초대받아 갈 기회가 생긴다면, 일찌감치 음식을 담아오는 것을 목표로 삼아야 한다. 그렇게 하지 않으면 금세 음식이 모두 동나버리기 때문이다! 이것은 몽골 사람들이 탐욕적이라서 그런 것이 아니다. 그보다는 외국인들과 접촉할 수 있는 행사를 즐기는 몽골 사람들은 그들이 '진짜'라고 생각하는 외국 음식을 맛볼 기회도 즐기기 때문이다. 게다가 리셉션 장소까지 오는 데 시간이 많이 걸렸다면 아마 시장하기도 했을 것이다.

일부 레스토랑은 간략한 메뉴판을 레스토랑 밖에 내어놓고 손님을 끌기도 한다. 레스토랑이 너무 혼잡하지 않다면 여러분은 레스토랑 안으로 들어가면서 앉고 싶은 자리를 고를 수 있다. 그러면 서빙을 하는 종업원이 정식 메뉴판을 가져올 것이다. 메뉴판은 아주 풍성하게 여러 언어로 적혀 있고 컬러 사진이 첨부되어 있기도 하다. 여러분은 이것을 보고 메뉴 번호로 음식을 주문하면 된다. 흡연은 공공장소에서 금지되어 있다. 중식 레스토랑을 비롯해서 몇몇 레스토랑에는 음악이 흐르는데, 대개는 귀에 거슬리지 않는다. 바와 패스트푸드점이 더 시끄럽고 혼잡한 경향이 있다.

만약 영어가 통하지 않는다면, 이제는 거의 전 세계에서

통하는 수화가 된 영수증을 쓰는 행동이나 신용카드를 흔드는 행동을 하면 종업원들로부터 주목을 받을 수 있다. 웨이터를 부르고 싶으면 "주그추!"("웨이터!")라고 하면 된다. 응급 상황이 발생하면 "도와주세요!"에 해당하는 "투슬라아츠!"라고 한다. 몽골어로 "예!"는 "티임!"이며 "아니요!"는 "오귀!" 혹은 "비슈!"('이것이 아니라 저것'이라는 뜻)라고 한다. 몽골에서 여러 용도로 흔히 쓰이는 단어로 "자!"나 "자아!"가 있는데, "음! 맞아! 물론! OK!"라는 의미다.

몽골에는 상당히 많은 바가 있어서 현지 맥주(칸 브라우 외)와 함께 다채로운 곳에서 수입된 병맥주와 캔맥주(칭다오, 기린, 하이네켄)를 즐길 수 있다. 보드카 역시 매우 다양한 종류가 있지만, 몽골 엘리트들 사이에는 스카치가 인기가 많으며, 버번도 마실 수 있다. 대부분의 호텔에 가면 진토닉을 주문할 수 있지만, 토닉은 못 보던 브랜드 제품일 수 있고 바텐더는 이것을 어떻게 섞어야 할지 확실히 알지 못하는 경우가 있다. 몽골에는 정부의 승인을 받은 주류 제조업체가 100곳이 넘으며, 매년 주류 수백만 리터가 수입된다.

・ 팁 문화 ・

어떤 레스토랑은 청구서에 일정 비율의 봉사료를 추가하기도 하지만, 몽골에
서 팁 문화는 전통적인 것이 아니기에 대부분의 카페와 바에서는 팁을 받을
기대를 하지 않는다. 한편, 거의 25년 동안 많은 외국인이 울란바토르를 찾으
면서, 호텔과 레스토랑의 종업원들은 약간의 보수를 기대하기 시작했다. 만약
서비스에 매우 만족한다면 10%까지의 금액을 팁으로 남길 수 있다.

몽골의 전통음식

여름에 시골 사람들은 대부분 유제품을 먹는다. 이때가 한 해
중 유제품이 풍부하게 나는 시기이기 때문이다. 양과 염소, 약
간의 소와 말을 치는 목동들은 이들의 젖으로 다양한 종류
의 크림, 버터, 치즈를 만든다. 몽골 각지에서 감자, 당근, 양배
추가 재배되지만, 음식에 사용하는 야채는 야생 양파와 리크,
마늘, 허브와 함께 각 지역에서 어떤 녹색 채소와 뿌리 채소를
구할 수 있느냐에 따라 다르다.

몽골의 대표 음식은 삶은 고기 요리다. 대개 양고기가 사용되는데, 양 반 마리 정도까지를 내장을 포함해서 모든 장기를 통째로 커다란 통에 넣고 게르 안에  있는 난롯불 위에서 몇 시간이고 푹 끓인다. 이렇게 준비한 고기는 날카로운 칼로 뼈를 발라가며 먹는다. 고기는 지방이 많고 맛이 밋밋하지만, 몽골 사람들은 고기에서 나는 특유의 풍미를 바탕으로 이 고기가 어느 지역에서 키운 가축인지 알 수 있다고 한다. 소고기가 양고기만큼 애용되지 않는 것은 한 마리에서 나오는 고기 양이 많아서 저장에 문제가 있기 때문이다. 하지만 어떤 게르에 가보면 가늘고 길게 잘라서 서까래 사이에 매달아 말리고 있는 소고기 육포를 볼 수 있다. 돼지고기는 상점이나 레스토랑에서는 구할 수 있지만. 시골에서는 좀처럼 볼 수 없다. 돼지는 방목되지 않고 돼지 사육 농장에서 사육되기 때문이다. 돼지고기와 마찬가지로 닭고기도 도시에 있는 시장에서는 구할 수 있지만, 목동들이 갖고 다니지는 않는다. 말고기는 거의 먹지 않는다.

고기나 야채 육수로 만든 수프에는 밀가루로 만든 만두⁽반

슈)가 들어가는 것도 있다. 양고기를 넣은 만두는 찐 만두(부우즈)나 튀긴 만두(후슈우)로 만들어 먹는데 육즙이 많고 맛있다. 기름에 튀긴 커다란 패스트리인 보브는 고무보트와 비슷한 모양에 ×자로 교차한 무늬가 있는데, 딱딱해서 씹기가 쉽지 않다. 이 밖에도 각 지역에서 생산되는 베리류와, 차차르가나(산자 나무 열매 주스) 같은 과일 음료도 있다. 몽골 사람들은 치아와 치주 상태가 매우 좋지만(맥주 뚜껑을 치아로 딸 수 있을 만큼 튼튼하다) 요즘 젊은이들은 설탕을 너무 많이 섭취한다.

만약 여러분이 사냥꾼이나 낚시꾼과 함께 여행을 한다면, 이들의 기술 덕을 보는 기대를 할 수 있겠다. 초원에는 사슴이, 숲속에는 멧돼지, 호수에는 오리가 있다. 마못(털이 풍성하고 짧은 꼬리가 달린 통통한 설치류 동물. 자신의 굴 안으로 사라지기 전에 고음의 경고 휘파람 소리를 낸다)은 모피 때문에 과잉으로 사냥된 탓에 이제는 희귀 동물이 되었다. 마못은 뼈를 제거하고 몸통 속을 뜨거운 돌과 물로 채운 뒤 캠프파이어에서 요리한다. 이것이 바로 버덕이라고 알려진 요리다. 이밖에도 호르호그라는 음식은 다진 양고기나 새끼 양고기 여러 겹과 뜨겁게 달군 돌을 냄비 안에 넣고 뚜껑을 닫아 조리해서 만든다. 생선은 종교적인 이유로 요리에 사용되지 않았지만, 몽골 북부지방에 있는 여러 강에서 상당히 좋은 생선들이 잡힌다. 특히 톨(러시아산 연어 혹은 시베리아 연어)은 크기가 120cm 이상이다. 이런 생선들은 보통 굽거나 바비큐로 요리해서 먹는다.

음료

시골 지역에서 마실 것을 달라고 하면 틀림없이 나무 사발에 담긴 밀크티(수우테이 차이)를 줄 것이다. 이 밀크티는 중국산 찻잎 덩어리에서 찻잎을 조금 떼  어내서 우유, 버터, 소금 외에도 밀가루 같은 기타 첨가물을 넣고 같이 끓인 것이다. 차라고 하지만 막상 내용물 중에 차는 얼마 되지 않는다.

커다란 가죽 가방 안에 담아 게르 안에서 발효시킨 말의 젖, 또는 마유주(아이락)는 영양가 많은 음식인 동시에 살짝 알코올 성분이 들어 있는 청량음료다. 한번 맛볼만하지만 몸에 맞지 않는 사람들도 있으니 처음에는 살살 마시기 바란다. 아마 몽골 사람들은 작은 사발이나 유리잔에 담긴 보드카를 가장 많이 권할 것이다. 그러면 보드카 잔을 들고 주인과 손님이 건배를 한다. 보드카는 두 가지 종류가 있다. 공장에서 병에 담은 맑은 곡물 보드카(차강 아르히)와 가정에서 증류시킨 뿌연 밀크 보드카(시미인, 아르히)다. 하지만 가정식 밀크 보드카는 고약한 냄새 때문에 어떤 여행객들은 불쾌감을 느끼기도 한다. 관광객용 게르 캠프에는 대개 병맥주나 캔맥주가 준비되어 있는 바 서비스를 이용할 수 있다. 사람들은 모두 병에 들어 있는 생수를 마신다. 마시기 전에는 병뚜껑이 밀봉 상태가 맞는지 확인해야 한다.

밤 문화

몽골에서 도박은 금지되어 있다. 몽골 최초의 카지노는 칭기즈칸 호텔 지하에 있던 몽-마카오라는 이름의 합작회사였다. 하지만 개장 후 약 한 달 뒤, 대후랄에서는 도박 합법화 입장을 번복하고 1999년 1월에 도박을 금지시켰다. 당시 법무부 장관은 몽골에서 카지노는 "아직 시기상조"라고 밝혔다. 대후랄은 범죄, 매춘, 돈세탁, 폭력 같은 카지노의 '지저분한 면'을 부각시키면서 반대했다. 여러 국회의원들이 몽-마카오로부터 뇌물을 받았다는 혐의로 구속되었다. 이 같은 혐의가 입증되면서 1999년 10월에 이들에게 3~5년까지의 징역형이 결정되었다. 2014년, 울란바토르 철도역 근처에 있는 한 호텔에 경찰이 불시 단속을 벌여 한 회사의 임원과 광산부의 한 국장, 전직 의원이 포커 게임을 하다가 현장에서 붙잡혔다.

한편, 울란바토르에는 나이트클럽과 디스코/가라오케 바가 많아서 취향대로 즐길 수 있다. 정부는 이들 업소의 경우 조기 영업 종료 시간을 적용하는 법령을 만들어 규제하고 있다. 반면 패스트푸드점은 오전 7시부터 다음날 오전 3시까지 영업을 한다.

문화생활

【음악】

가장 인기 있는 몽골의 전통악기는 마두금(모린 후르)이다. 연주자는 앉아서 마두금을 무릎에 올려놓고 연주한다. 악기의 기다란 지판은 끝부분에서 살짝 구부러져서 말머리 조각으로 이어지며, 2개의 현은 말꼬리로 만든다. 마두금의 크기는 다양한데, 큰 것은 더블베이스만한 것까지 있다. 마두금은 몽골 민속음악 오케스트라를 대표하는 악기다. 많은 가정이 화목의

상징으로 마두금을 집에 하나쯤 가지고 있다. 야타가는 치터처럼 생긴 긴 악기인데, 연주자는 악기의 한쪽 끝을 무릎 위에 놓고 현을 퉁긴다. 샨즈는 지판이 길고 현이 3개인 류트이며, 유친은 덜시머다. 사찰음악 악기로는 소라 고둥 트럼펫(차강 부레)부터 구부러지지 않은 알펜호른의

일종인 긴 호른(우혜르 부레)까지 다양하게 있다. 이런 전통악기 소리에는 몽골의 자연, 다정하게 포옹하는 폭풍과 산들바람, 완만한 초원과 높은 산봉우리, 지저귀는 새의 노랫소리, 우울, 사랑 등이 담겨 있다. 이렇듯 몽골의 전통음악은 워낙 매력적이어서 여행 기념품으로 전통음악 CD가 인기가 많다. 여름 관광 시즌에 노래와 춤, 민속 오케스트라 공연은 놓쳐서는 안 된다.

몽골 민속음악과 춤은 울란바토르 국립아카데미 오페라 무용 극장에서 국립 노래와 무용 아카데미 앙상블의 공연이나, 어린이 공원에 있는 투멘 에흐 국립 노래와 무용 앙상블 공연으로 무대에 올라간다. 아카데미 앙상블은 2015년 1월에 발레

〈몽골 대여왕의 전설(Legend of the Great Queens of Mongolia)〉을 재공연했다. 이 작품은 '아홉 명의 아름답고 지혜로운 여왕의 이야기를 다룬 대하드라마'다. 이 이야기에는 전설적인 인물과 역사적으로 유명한 인물들이 등장한다. 가령, 나라를 구하기 위해 서른 살에 일곱 살의 바트몽흐 칸과 결혼한 만두카이 여왕도 나온다.

몽골 민속춤 가운데 사발춤은 무용수들이 작은 사발에 물을 담은 뒤 머리와 무릎, 손 위에 올려놓고 한 방울도 쏟지 않으며 추는 춤이다. 비엘게에는 게르 안에서 공연하기에 적합한 몽골 서부지방의 정적인 무용이다. 반쯤 자리에 앉거나 다리를 꼰 자세로 있는 무용수가 가축의 젖 짜기, 요리, 사냥 등 일상생활을 보여주는 팬터마임 공연이다. 공연 배경 음악은 모린 후르 또는 훌산 후르(대나무 구금) 음악이 연주된다.

몽골 교향악단과 종종 몽골을 찾는 해외 오케스트라들은 유럽의 오페라와 클래식 음악을 공연한다. 유럽의 클래식 음악은 사회주의 시절 소련에 의해 몽골에 소개되었으나, 실제로는 유럽의 예술과 문화를 몽골인들에게 알리는 역할을 했다. 자녀들에게 세계문화유산을 교육시키는 데 최선을 다하는 구세대 지식인들 사이에 클래식 음악은 여전히 인기가 많다. 오페라 하우스가 상시 개장하는 것은 아니기 때문에 연주회는 비정기적으로 가끔씩 공고되는 경향이 있다. 팝 콘서트는 여름에 칭기즈칸 광장에서 개최된다.

【노래】

1921년 혁명은 몽골의 전통적인 문화생활을 많이 파괴하고 사라지게 만들었다. 현대 가요는 종종 전통 스타일로 만들어지기도 하는데, 민속 합창단과 전문 가수들이 작곡하고 노래하며, 팬들이 따라 부르거나 허밍으로 따라 하기도 한다.

전통 가요나 전통적 스타일의 현대 가요는 두 가지 종류가 있다. 짧고(보기노 두우) 가볍고 선율적인 곡이 있는가 하면 길이가 긴 곡(우르틴 두우)이 있다. 한 연주자의 말에 따르면 긴 가요는 "길고 넓은 스텝처럼 자연의 광활함과 영원함을 연상시킨다." 지금은 대개 모린 후르

나 림베(피리)의 반주에 맞춰 긴 가요를 연주하지만 전통적으로는 무반주로 연주되었다고 한다.

후미창법 또는 배음창법(후미)은 알타이산맥과 투바 지역에서 전해진 것으로, 노래할 때 동시에 두 가지 음을 공명시키는 창법이다. 이때 한 음은 화음이거나 배음으로 한다. 이런 창법으로 노래하는 가수는 일련의 배음을 배경으로 해서 피리 소리 같은 음을 낸다. 이 창법을 구사하려면 씨름 선수처럼 기운이 세야 하고 오랜 기간 동안 훈련을 해야 한다. 이런 소리는 지역의 정령을 불러오는 황홀한 (아마도 가공의) 강물 소리를 표현한 것으로 알려졌다. 하지만 라마교의 반대를 받았던 후미창법은 공산주의 시절에는 '인민 음악'으로 간주되었다. 특별한 기술을 지닌 몇몇 가수들은 차이콥스키와 비제의 클래식 멜로디도 연주할 수 있다고 한다.

몽골 사람들은 남녀관계를 풍자하는 노래를 부르는 전통이 있다. 종종 야한 내용을 담고 있는 이런 노래를 하르가닌 두우라고 부른다. (커플들이 몸을 숨기는 장소였을) 사막 떨기나무 수풀을 가리키는 하르가나의 노래라는 뜻이다. 어떤 노래는 라마승 사이의 관계를 풍자하기도 한다. 대화식으로 주거니 받거니 하는 사랑 노래는 사람들의 결점과 부적절한 관계를 다루고 있어서 상당히 인신 공격적이다.

【 극장 】

몽골 최초의 현대식 극장은 울란바토르에 있는 지금의 칭기즈칸 광장 자리에 있었던 녹색 돔이었다. 이곳은 1930년대에 '반혁명 분자(초이발산 정권이 '계급의 적'으로 지목했지만 사실은 무고한 '정치 억압의 희생자'였던 불교 고위 성직자들)'의 공개재판 장소로 악명이 높았다. 몽골의 전통 연극은 시인이자 극작가였던 라브자(1803~1856년)의 불교 희곡으로 거슬러 올라간다. 라브자는 고비사막의 화신으로 임명되었고 여러 사찰을 세웠던 인물이다. 1831년에 그는 18세기 티베트의 이야기를 바탕으로 한 교훈극 〈달 뻐꾸기(The Moon Cuckoo)〉를 완성했다. 이 연극은 인기가 매우 많았지만 1921년 혁명 이후에 금지되었다. 1921년에 몽골인민당에 가입한 부야네메흐(1902~1937년)는 중국 오페라 스타일로 다수의 혁명극과 장차 칭기즈칸이 된 테무진의 소년 시절을 다룬 역사극 한 편을 집필했다. 나차그도르즈(1906~1937년)는 '봉건주의자'에 맞선 신정권의 투쟁을 다룬 희곡과 시를 썼다. 또한 영어로 〈세 개의 슬픈 언덕(Three Sad Hills)〉으로 알려져 있는 오페라의 대본도 썼다. 국립 오페라 발레 극장에서는

유럽 오페라를 몽골어로 무대에 세운다.

1990년 이래로 예전에 사찰에서 추던 '참'이라는 승무가 재현되어 공연되고 있다. 이 춤은 1937년 이전에는 라마승들이 분노에 가득 찬 신(도그시드)의 복장을 하고 사찰에서 추던 춤이었다. 이 무용 장르는 13세기에 티베트의 한 라마승이 만든 것으로, 17세기에 몽골에서 몇 시간 동안 이어지는 연례 종교 공연으로 대중화되었다. 무용수들은 독특한 의상을 입고 각자 종이 반죽을 굳혀서 만든 탈을 쓰고 춤을 춘다. 공연은 악령을 쫓는 것으로 대미를 장식한다.

울란바토르 국영 아카데미 드라마 극장과 몽골 인형극장은 서울의 거리Seoul Street 모퉁이에 위치한 커다란 붉은색 건물에 입주해 있다. 이곳에서 공연하는 여러 나라의 작품들 가운데에는 셰익스피어와 체호프의 작품도 있는데, 대개는 몽골어로 공연한다.

【박물관】

몽골인들은 그들의 역사와 문화유산에 대한 애정이 각별하다. 또한 공룡 화석이건 고대 종교유물이건 역사 관련 전시회 관람에 관심이 많다. 불교 신자들은 국가로부터 박물관 지위를 인정받은 사찰에서 전경기*를 돌리며 초에 불을 붙이고 시주를 한다.

초이진 라마 박물관

시내 중심가에 위치한 이 사찰 박물관은 새로 지어진 고층 빌딩 숲 사이에 숨어 있다. 복드 칸의 동생이자 국통이었던 루브산하이다브의 거처였던 이 사찰(1904~1908년)은 불화와 탱화, 조각상, '참' 탈과 같은 불교 유물로 유명하다. 사찰 입구에는 악령을 쫓기 위한 벽(얀파이)이 세워져 있다. 이곳을 지나 법당으로 들어가는 입구는 거대한 사천왕상(마하라자)이 지키고 있다. 지붕보에는 가죽 벗기기, 사지 절단을 비롯해서 지옥에서 겪는 형벌을 묘사한 그림으로 장식되어 있다.

---

* 티베트 불교에서 기도하면서 돌리는 바퀴 모양의 경전 ─ 옮긴이

공룡 박물관

칭기즈칸 광장 근처에 위치한 이 박물관이 입주해 있는 건물은 지난 정권 때 집권 여당이었던 몽골인민혁명당 소유로, 과거에는 레닌 클럽이 있었다. 현재 이 박물관에는 완전체 화석 여러 점을 포함해서 많은 공룡 화석이 임시로 전시되어 있다. 가장 유명한 전시품은 고비사막에서 발굴된 T-바타르라고 불리는 타르보사우루스다. 이 화석은 미국에서 100만 달러에 불법 거래되었으나, 출처가 확인된 후 몽골 국가 자산으로 환수된 것이다.

현재 상설 공룡 박물관 건설이 계획 중에 있으며, 레닌 클럽은 불교 박물관으로 새롭게 단장될 것으로 보인다.

자나바자르 미술관

뛰어난 조각가이자 미술가였던 몽골 1대 운두르 게겐 자나바자르(1635~1723년)의 이름이 붙여진 미술관이다. 이곳에는 불상 네 점을 비롯해서 그의 재능을 보여주는 귀중한 작품들이 소장되어 있다. 미술관의 위치는 칭기즈칸 광장의 서쪽에 있는 건국자 광장(바릴가츠딘탈바이)에 있다. 자나바자르는 몽골어와 티베트어로 글을 쓰기 위한 알파벳을 발명했다. 이 알파벳을 소욤보 문자라고 하는데, 이것은 몽골 국가를 나타내는 최초의 추상적인 상징이었다. 이외의 주요 전시품으로 은실과 금실, 진주로 만든 만다라와 19세기 화가 샤라브가 그린 '몽골의 하루(One Day of Mongolia)'라는 유명한 작품이 있다.

정치 탄압 희생자 추모 박물관

울란바토르의 중심부에 있는 올림픽로(올림피인 구담즈)의 새로 지은 고층 빌딩들에 가려져 거의 보이지 않는 곳에 나무로 지은 커다란 주택이 하나 있다. 이곳은 겐덴 총리가 1937년에 무고하게 일본 간첩 혐의로 체포되어 모스크바에서 처형되기 전에 살았던 자택이다. 박물관 안에는 정치 탄압이 가해졌던 끔찍한 세월에 대한 기록과 사진이 전시되어 있다. 이 기간 동안 3만 명(정치인, 군인, 일반 시민, 그리고 많은 라마승)이 공산 정권에 의해 체포되어 처형당했다. 정치 탄압 희생자들의 후손들은 당국으로부터 배상을 받고 매년 9월에 열리는 추모 행사에서 희생자들의 넋을 기리고 있다. 칭기즈칸 광장 가까운 곳에 정치 탄압 희생자들을 추모하는 기념물이 세워져 있다.

군사 박물관, 국제 지식인 박물관(퍼즐 장난감, 논리 게임), 철도 역사 박물관(울란바토르 철도 장비), 울란바토르 도시 박물관(1904년에 지어진 러시아식 주택에 있다) 등은 모두 울란바토르 중심가에 있다. 이들 외에도 극장 박물관도 있다. 대부분의 박물관 입장료는 차등하게 적용된다. 즉, 외국인들은 시민들보다 입장료가 더 비싸다.

【 영화 】

울란바토르에는 넓은 스크린을 갖춘 현대적인 영화관과 3D 영화관이 다수 있으며, 종종 미국과 영국 영화를 상영하기도 한다. 독립 광장(투스가아르 토그트놀린 탈바이)에 있는 텡기스 극장이 대표적이다. 울란바토르에 있는 영화관 웹사이트는 다음과 같다. www.tengis.mn(텡기스 영화관), www.soyombo.mn(소욤보 영화관), www.urgoo.mn(우르고 영화관). 울란바토르를 제외하면 몽골의 다른 지역에는 영화관을 거의 찾아볼 수 없다.

【 서커스 】

오렌지색 지붕을 한 울란바토르의 독특한 원형 서커스 빌딩은

옛 국영 백화점(이흐 델구우르)에서 그리 멀지 않은 곳에 있다. 그런데 원형 서커스 무대와 실내 관중석은 거의 방치되어 있는 상태다. 아마도 자주 사용되지 않기 때문인 것 같다. 그나마 대부분 외국 서커스단 공연 때나 사용되는 실정이다. 몽골 서커스는 한때 인기가 많았을 뿐만 아니라 곡예사들이 매우 유명했다. 예술가들이 해외에서 공연을 하는 여름 기간 동안에 서커스는 폐장되고, 건물의 원형 통로는 의류 판매와 자선 행사 장소로 쓰인다.

야외활동

몽골 사람들은 타고난 팀 스포츠의 달인은 아니지만, 레슬링, 유도, 태권도 같은 개인 종목에서는 두각을 나타낸다. 몽골 국민은 베이징 올림픽에서 3개의 금메달을 획득한 자국의 올림픽 메달리스트들에 대한 자부심이 크다. 수도 울란바토르에는 피트니스 센터와 스포츠 클럽이 많다. 축구는 인기가 많지만 직접 축구를 하는 사람들은 거의 없다. 하지만 축구 팬들은 영국과 유럽의 축구팀과 리그에 대해 잘 알고 있고 대중매체를 통해 경기와 뉴스를 놓치지 않고 있다.

몽골 사람들은 그들의 전통적인 유목생활을 매우 자랑스러워한다. 비록 과거와 같은 진짜 유목생활은 이제는 계절에 따라 가축을 이동시키는 것에 국한되어 있지만 말이다. 몽골 말은 크기가 조랑말만 하며, 딱딱한 표면 위에서 타야 할 때에만 말굽에 편자를 붙인다. 경마와 속보용 트랙이 한 군데 있지만, 수도인 울란바토르에서 말을 마구간에서 키우기란 힘들다. 조랑말 타기는 관광객들에게 인기가 좋다.

수영은 여름 스포츠로 즐길 수 있지만, 공공 수영장은 얼마 되지 않는다. 그래서 어린아이들은 대부분 근처에 있는 툴강의 강물이 올라오고 깨끗하면 강에서 물장구를 치며 논다. 겨울에는 스케이트를 즐길 수 있는데, 칭기즈칸 광장에 아이스링크가 설치된다. 복드 칸 울에 있는 스카이 리조트에는 스키 슬로프와 스키 리프트, 기타 편의 시설들이 구비되어 있다.

다른 나라와 마찬가지로, 몽골의 정계와 재계 엘리트들은 사교를 위해 울란바토르에 있는 골프 클럽을 찾는다. 또한 클럽 하우스에서는 연습도 하고 사우나도 이용한다. 그런데 그린을 관리하려면 물을 줘야 하기 때문에 환경에 대한 의식이 있는 사람들은 이를 곱지 않은 눈으로 본다.

【나담】

어린이들이 기수를 하지만 그래도 경마는 7월에 개최되는 전국 스포츠 축제인 나담의 3대 '남성 스포츠' 중 하나다. 경주는 울란바토르 근처에 있는 개방된 전원 지역에서 열리는데, 달리는 거리는 말의 나이(4~5세, 2세 등)에 따라 달라진다. 말에는 이름을 붙이지 않으며 단지 나이와 색상, 무늬로만 구분한다. 경주의 승자는 말이 아니라 조련사가 된다. 일부 도시와 지역 센터에서는 연중 다른 시기에 그 지역 고유의 나담 축제를 열기도 한다. 고비사막에서는 낙타 경주와 낙타 폴로를 한다.

경마 외의 나머지 2대 '주요 스포츠'로 꼽히는 씨름과 활쏘기는 7월에 울란바토르에 있는 국립 경기장에서 가장 잘 구경할 수 있다. 물론 겨울에는 씨름장에서 실내 씨름 경기를 관

람할 수 있다. 씨름 선수들은 붉은색과 푸른색 팬티와 소매가 긴 재킷을 입는다. 각 판마다 승자는 가루다 새를 흉내 내어 양팔을 어깨 높이로 들고 날갯짓을 하고, 패자는 그 아래로 지나간다. 다양한 국가 기념일에 지역별 씨름 경기가 열리는데, 대개 256명이나 128명의 선수들이 겨룬다.

몽골에서 스모 선수들은 팬 층이 매우 두텁다. 특히 일본에서 챔피언 타이틀을 가지고 있는 선수들은 몽골 최고의 스포츠 스타다. 2015년 2월 도쿄에서 69대 챔피언에 오른 '요코주나 하쿠호' 다바자르갈은 몽골 최우수 스포츠맨 상과 노동 영웅 훈장 수훈자다. 세계 챔피언 대회가 2016년 몽골에서 개최되었다.

전통 활쏘기에서는 나무로 만든 콤파운드 활과 끝이 무딘

화살이 사용된다. 과녁으로 가죽 컵을 겹쳐놓은 것을 땅 위에 다양한 거리를 두고 설치한다. 남성과 여성은 따로 경기한다. 울란바토르 경기장에 가면 말에 탄 채 과녁을 향해 활을 쏘고 있는 궁사를 전시해놓은 것을 볼 수 있다. 셀렝게 지방의 둘라안한에 있는 몽골 유일의 활과 화살 제조공장에서 일하는 장인들은 전통 자재를 사용해서 전통적인 방식으로 활과 화살을 만든다.

나담 축제에서는 '지골 쏘아 맞추기(샤가이)' 놀이도 볼 수 있다. 이 전통놀이는 몽골의 무형 문화유산으로서 유네스코에 등재되어 있다. '복사뼈 쏘아 맞추기'라고도 불리는 이 놀이는 경기자 두 명 혹은 두 팀이 무릎 위에 발사대를 올려놓고 거기서 '총알'을 쏘아 보드 위에 일렬로 있는 과녁을 명중시키는 경기다.

쇼핑의 즐거움

울란바토르의 주요 쇼핑센터로는 센트럴타워몰, 나란플라자, 이흐 델구우르가 있다. 이들 몰에 가면 루이비통이나 휴고 보스, 스와치, 샤넬 같은 세계 유명 브랜드를 모두 만날 수 있다. 대형 상점에서는 국제 신용카드로 결제가 가능하다. 매우 다양한 천연 모피(모자, 코트, 숄)뿐만 아니라 몽골산 캐시미어로 만든 스웨터와 스카프, 장갑은 품질이 뛰어나다.

이흐 델구우르는 델, 자수가 놓인 재킷, 전통 모자와 부츠를 구입하기 좋은 곳으로 추천할 만하다. 이외에도 이곳에서는 활과 화살, 나무로 만든 장난감과 퍼즐, 몽골 특유의 동물, 상징, 칭기즈칸 초상화 디자인이 들어간 양탄자와 매트, 은제 사발, 악기, 나무 조각품 같은 공예품, 몽골 음악과 여행 동영상 CD와 DVD, 유화와 수채화로 그린 초상화와 풍경화, 서예(오래된 문자) 샘플, 전통의상을 입은 인형, 국기, 기타 기념품 등을 판매한다.

기념품과 '골동품'은 칭기즈칸 광장 서쪽의 관광객 거리(주울 츠딘 잠)에 있는 여러 상점에서도 살 수 있다. 원산지 표시 공인서가 없으면 화석을 포함한 골동품 수출은 금지된다.

예전에는 오래된 길거리 시장에서 상인들이 바닥에 양반다리를 하고 앉아 펠트 천을 펼쳐 놓고 좌판을 벌였다. 이곳에서는 온갖 종류의 중고 공구와 긴 파이프, 수도꼭지, 자동차 부품뿐만 아니라 갖가지 가정용 장식품을 살 수 있었다. 그러던 것이 '현대화'와 함께 난방이 되는 건물에 상설 판매대가 갖춰진 상점으로 바뀌면서 예전의 모습이 점차 사라져버렸다. 한때 '암시장'이라고 불렸던 나란 툴이 바로 그런 경우다. 현재 이곳은 몽골 전통의상, 모자, 부츠, 말안장과 마구, 게르 부품, 기념품을 전문적으로 취급한다. 또한 동전과 '골동품' 딜러들도 만날 수 있다. 이곳은 종종 사람들로 무척 붐비며 도둑도 많다.

울란바토르의 명소

【 칭기즈칸 광장 】

울란바토르의 중앙 광장에 가면 칭기즈칸의 좌상이 광장을 굽어보고 있다. 이 동상은 의회, 정부, 대통령 집무실, 새로 지은 국립박물관이 들어서 있는 정부종합청사의 남쪽 면에 새로 세운 여러 기둥들 안쪽에 자리하고 있다. 광장 한복판에는

1921년 혁명 영웅 수흐바타르의 기마상이 서 있다. 그는 떠오르는 태양을 마주하며 팔을 들고 공산주의의 새벽을 맞이하고 있는 모습을 하고 있다. 1940년대에 수흐바타르 광장이라고 명명되기 전까지 이곳은 (공개연설을 위한) '연단 광장'으로 불렸다. 이후 2013년에 울란바토르 시장이 광장 이름을 칭기즈칸 광장으로 바꾸도록 지시해서 오늘날에 이르고 있다.

광장을 중심으로 오페라 발레 극장과 (옛 영화관이었던) 증권거래소 건물이 들어서 있다. 또한 신고전주의 양식의 기둥과 현대적인 스타일의 철강과 유리, 콘크리트로 지은 과학궁 건물과 울란바토르 시의회, 블루스카이 타워가 광장을 둘러싸고 있다.

여느 공산주의 국가의 수도와 마찬가지로, 1950년대부터 1980년대까지 이 광장은 군대 퍼레이드와 노동자들의 시위 장소로 사용되었다. 하지만 요즘은 퍼레이드가 드물고 시위도 자발적으로 행해진다. 칭기즈칸 광장은 관광객과 사진가, 어린이용 오락시설, 초상화를 그리고 수채화 물감을 파는 화가들로 1년 내내 붐빈다. 울란바토르 시에서 마련하는 새해맞이 대형 트리도 이곳에 설치된다. 평소에는 팝 콘서트의 중심지이자 불꽃놀이 전시장이 되기도 한다.

　광장의 동쪽에 있는 평화대로(엔흐타이브니 우르군 출루)의 북쪽 면에는 '독립 궁전'과 몽골인민당 당사, 울란바토르 호텔이 위치해 있다. 호텔 맞은편에 있는 정원에는 몽골의 국민 시인 나착더르즈(1906~1937) 기념물이 있다. 원래 이 자리에는 레닌 동상이 있었으나 2013년에 시인의 기념비로 교체되었다.

【 복드 칸 겨울궁전 박물관 】

여러 건물로 이루어진 이 궁전(1889~1906년에 건설)은 칭기즈칸 광장에서 남쪽으로 1.6km 정도 떨어져서 울란바토르 국제공항으로 가는 길을 살짝 벗어난 곳에 있다. 이곳에는 두 가지 다른 건축 양식으로 지어진 건물들이 있다. 먼저, 서로 연결되어 있는 10개의 중국식 법당과 1층과 2층으로 된 여러 정자가 있다. 그 안에는 불화와 불상이 보관되어 있으며 동쪽 끝에는 중국식 의례용 출입구(파일루우르)가 있다. 이에 비해 러시아식으로 지어진 2층 주택도 있다. 조각 장식 창틀이 있는 이 건물은 러시아의 차르 알렉산더 3세가 제공한 청사진을 바탕으로 지은 것이다. 건물 안에는 가구와 차량을 비롯해서 제8대 자브잔담바 훗타그트 또는 복드 칸과 그의 왕비 동독둘람의 소지품이 전시되어 있다. 복드 칸은 1911년부터 1924년까지 몽골 자치주의 종교 지도자이자 왕이었던 통치자다. 공항으로 가는 길과의 교차로에 고립되어 있는 안전지대에는 사막 같은

환경을 배경으로 실물 크기의 낙타 무리 모형을 만들기 위해 개발이 진행 중이다. 과거 이곳에는 제2차 세계대전 당시의 러시아 탱크가 있었으나 지금은 자이승으로 옮겨지고 없다.

【간단사】

시내 중심부에서 북서쪽으로 가면 간단 테그친렌 사찰이 있다. 경내에는 자나바자르가 그린 자화상과 자브잔담바 환생들의 동상(72~74쪽 참조), 검은 종이에 금으로 쓴 불교 문학작품이 소장되어 있다. 인접한 법당에는 근본불인 지금강불 불상이 있는데, 자나바자르의 1683년 작품이다. 근처에 있는 딘딘포브란(1838년)은 제13대 달라이 라마가 1902년 영국이 티베트를 침략했을 때 피신할 궁전으로 지

어진 것으로, 현재의 달라이 라마가 몽골을 방문할 때 거처로 사용하고 있다. 경외 북쪽에 있는 높은 건물(1911~1913) 안에는 26.5m 높이에 어마어마한 양의 구리, 은, 금과 보석으로 만든 관음대불상(자비의 부처)이 자리하고 있다. 1996년

에 완성된 이 불상은 간단사가 1930년대와 1940년대에 소련 군 막사로 사용될 때 해체되어 소련에 고철로 팔려나간 것으로 전해지는 원래 불상을 대신한 것이다. 그런데 새로 재건된 불상은 러시아에서 전시되기도 했다.

【 자이산 톨고이 전망대 】

복드 울의 북쪽 경사면 언덕 꼭대기에 있는 이 전망대에는 1967년에 세워진 몽골-소련 우호 기념물이 우뚝 서 있다. 이 것은 군인, 농민, 노동자, 교사, 그리고 최근에 추가된 우주인 등 영웅적 인물의 모습을 묘사한 원형 모자이크로 되어 있다. 이 기념물은 밤이 되면 조명으로 장식된다. 시내에서 버스를 타고 와서 계단을 오르거나 걸어가기 싫다면 꼭대기까지 버스를 타고 올라가면 울란바토르의 파노라마 전경이 눈앞에 펼쳐진다. 눈에 가장 잘 띄는 전경으로는 툴강과 모스크바-베이징 철도노선이 있고, 그 뒤로 칭기즈칸 광장 주변의 현대적인 고층 빌딩 숲이 있다. 더 멀리 산을 배경으로는 수 킬로미터에 걸쳐 작은 집들과 게르들이 보인다. 집과 게르 위로 몽골 TV 방송국 안테나와 전력발전소 굴뚝들이 솟아나 있다. 그런 다음 몸을 돌려보면 산의 경사면에서 풀을 뜯고 있는 사슴을 발견할 수도 있다. 이 근방에는 새로 조성된 부처 공원도 있는데, 이곳에는 18m 높이의 석가모니상이 있다. 석가모니는 깨우침을 얻고 불교 신앙을 세운 역사적인 부처다. 몽골의 고위 정치인들은 복드 울의 울창한 계곡에 자택을 가지고 있다.

울란바토르 외곽의 명소

【 청진 벌덕 칭기즈칸 기념관 】

번쩍이는 금속으로 만든 40m 높이의 칭기즈칸 동상은 갑옷을 입고 말을 타고 있는 모습이다. 이 기마상은 칭기즈칸부터 링단칸에 이르는 '황금 가문'의 후손들(22~32쪽 참조)을 상징하는 36개 기둥이 있는 원형 건물 위에 세워져 있다. 기마상 말의 한쪽 다리에 있는 엘리베이터를 타고 올라가면 갤러리가 나오고 말의 목 안쪽에 있는 짧은 계단을 오르면 말의 머리에 도달하게 된다. 여기에 있는 작은 전망대를 통해 근방의 전원 풍경과 게르 캠프를 전망할 수 있다. 원형 건물 안에는 카페와 기념품 가게, 그리고 세상에서 가장 큰 몽골 부츠(고탈)가 있다.

이 기념관은 울란바토르에서 테렐지와 에르데네 지역 방향으로 가는 도로를 타고 50km쯤 되는 위치에 있다. 이곳은 바로 칭기즈칸이 황금 손잡이가 달린 채찍을 발견한 장소로 알려진 지점이다.

【 고르히-테렐지 국립공원 】

이곳은 울란바토르 북동쪽 에르데네 지역에 있는 광대한 국립공원으로, 공원의 절반이 숲으로 이루어져 있다. 아름다운 풍광과 흥미로운 바위 지형, 관광객 편의 시설이 이 공원의 자랑거리다. 호텔과 게르 캠프가 있는 테렐지 계곡에서 도로로 공원에 갈 수 있다. (가이드와 함께) 테렐지에서 30km 하이킹을 하면 군진 숨 사찰의 유적이 나온다. 이곳은 만주제국의 황제 강희제의 막내딸의 죽음을 기리기 위해 그녀의 남편이 1740년에 지은 사찰이다.

【 세르겔렌의 대미륵불상 】

몽골에서 가장 큰 동상인 높이 54m의 미륵불상(마이트레야, 석가모니불이 입멸한 뒤 4000년 뒤에 그의 뒤를 이어 지상에서 중생을 구제할 미래의 부처)이 청진 벌독에서 멀지 않은 세르겔렌 지역의 주르흐울에서 현재 조립되고 있다. 향후 2년간 공사가 계속될 예정이다. 완공되면 넓은 공원 안에 있는 108m 높이의 사리탑 앞에 동상이 세워진다.

그 외 지역의 명소

【 아마르바야스갈란트 사찰 】

몽골에서 가장 크고 가장 아름다운 사찰 중 하나로 꼽히는 이곳은 셀렝게 지방에 있는 다르항의 서쪽에 있다. 청나라 황제 강희제의 명에 의해 자아바자르의 마지막 안식처로 1722년에 건립된 이 사찰은 1737년에 완공되었다. 1778년에 자나바자르의 유해가 이곳에 안치되었으며, 제4대 자브잔담바의 유해도 1815년에 안치되었다. 이 사찰은 1930년대에 심하게 훼손되었으나, 유네스코의 도움으로 원래의 법당들 중 많은 곳을 복구할 기금이 모아졌다. 이곳에 가려면 다르항을 통과해서 도로로 한참을 가야 한다.

【 카라코룸과 에르덴 조 】

이곳에는 오보르한가이 북부 어르헝 계곡에 있는 몽골제국의 수도 카라코룸의 유적지가 있다. 1220년에 칭기즈칸이 이곳에 도읍을 정하라는 명을 내렸으나 실제 공사는 그의 아들인 오고타이 칸 때 시작되었다. 비행기를 타거나 육로로 긴 여정을 거쳐 이곳에 도착할 수 있다. 몽골제국이 붕괴한 후 카라코룸은 명나라 군대에 의해 1380년에 파괴되었다. 국제 발굴단이 카라코룸에서 발견한 상당히 많은 고고학 유물은 근사한 현대식 박물관에 전시되어 있다. 카라코룸의 대규모 폐허에서 나온 벽돌과 타일, 돌 등은 1585년에 세워진 '황모파'의 에르덴 조 사찰 건물을 짓는 데 사용되었다. 이 사찰은 불상이 있는 3개의 법당으로 이루어졌다. 자나바자르는 종교적 수도를 에르덴 조에서 다른 곳으로 옮겼고, 이곳은 1688년에 오이라트 군에 의해 폐허가 되었다. 이후 18세기와 19세기에 걸쳐 에르덴 조는 108개의 사리탑으로 된 벽을 세우면서 복원되었다. 하지만 1930년대에 라마승들이 체포되거나 살해되면서 사찰은 폐쇄되었다. 지금은 라마승들이 사찰로 돌아왔고 사찰 복원 공사는 계속 진행 중이다.

07

여행, 보건, 그리고 안전

울란바토르에 있는 명소들은 칭기즈칸 광장에 있거나 그 근처에 있는 경우가 많다. 광장 주변에는 볼 것도 많고 쇼핑하고 먹고 맥주 한 잔 하러 들릴 곳도 많다. 시내에서 걷는 것은 꽤 안전하지만, 통행이 많은 인도는 표면이 고르지 않고 울퉁불퉁하며 배수구 뚜껑이 열려 있기도 하다. 사람들이 많은 곳에서는 소매치기에 주의해야 한다. 겨울에는 인도가 빙판 때문에 미끄러운 경우가 많다. 일부 도시 도로는 배수 시설이 열악하거나 아예 없어서 걸핏하면 범람한다. 여름에 비가 내릴 때에는 큰 물 웅덩이 옆을 걸어가면서 조심해야 한다.

러시아 광궤철도로 몽골 횡단 울란바토르 철도가 건설된 것은 불과 1950년대의 일이다. 이로써 몽골의 수도를 통과해서 모스크바와 베이징 사이에 승객을 운송하게 되었다(1주일 여정). 물론 이 철도의 주요 목적은 화물 운송이었지만 말이다. 광산업이 몽골의 발전에 열쇠 역할을 하고 있는 지금, 새로운 철도 노선 건설 계획과 자금 조달 과정이 현재 진행 중이다. 중국식 (표준) 궤간철도와 러시아식 광궤철도 화물 노선으로 새로 개발된 탄광들과 국경 통과 지점들을 연결하는 계획이다.

러시아나 중국 직원이 운행하는 국제 열차(그리고 몽골 국내에서는 몽골 식당차가 있다)는 세 가지 좌석 등급이 있다. 즉, 2등석 또는 하드 클래스(객실 한 칸당 4인 수용), 1등석 또는 소프트 클

래스(마찬가지로 4인 수용), 디럭스 클래스(2인 수용, 중국 열차에서는 공용 샤워 부스 제공)로 나뉜다. 2등석 승객들은 손수 음식과 음료를 준비해서 타는 경우가 많다. 식당차에 동승하는 몽골 승객들은 외국 관광객들에게 호기심을 가지고 싹싹하게 대하는 편이다. 중간 정차 역에서는 15분간 정차하는데, 역에서는 지역민들이 베리류나 버섯, 잼 등을 판매하기도 한다. 열차 여행은 느리지만 흥미롭다. 또한 여행하는 동안 멋진 자연 풍광을 무궁무진하게 감상할 수 있어서 좋다.

50년 전에는 도시의 일부 도로는 포장이 되어 있었지만, 수도 울란바토르에서 외진 곳에 있는 지방 거점 도시로 자동차를 타고 가려면 정식 도로가 아니라 들판에 난 바퀴 자국을 따라 난 길로 험하게 달려야 했다. 이런 여행은 시간도 많이 걸렸고, 수입에 의존하는 연료 소모도 많았으며, 자동차도 손상시켰다. 그 후 외국의 원조와 차관을 받아 1990년 이래로 울란바토르와 지방을 연결하는 포장도로 네트워크가 개발되기 시작하여 현재 상황은 개선되고 있다. 또한 자가용 운전자가 증가하면서 주유소와 휴게소도 늘어났다.

뿐만 아니라 도시와 도시를 연결하는 훌륭한 버스 노선 서비스도 도입되었다. 도시 간 버스를 이용하려면 좌석을 미리 예약해야 한다. 버스는 늘 만석이고 여행가방과 배낭, 양모 화물 등으로 가득 차기 때문에 가능하면 짐을 줄여서 가벼운 몸으로 여행에 나서기 바란다. 하지만 오지를 여행하고 싶다면 운전사가 딸린 4륜 구동 자동차를 대여해야 할 것이다. 그렇게 해야 바퀴 자국을 따라 산을 넘고 사막을 통과하고 스텝을 가로질러 여행할 수 있다.

여행

[여권과 비자]

현행 비자 협정에 따라 영국 여권 소지자는 관광이나 비즈니스 목적으로 몽골을 방문하여 무비자로 30일간 체류할 수 있다. 미국 여권 소지자의 경우는 90일까지 체류 가능하다. 만약 무비자 체류 기간 이상 머물고 싶다면 이민 및 귀화, 외국 시민 사무소에 가서 등록해야 한다. 이때 여러분의 여권 유효기간은 입국일로부터 6개월 이상 남아 있어야 한다. 만약 중국이나 러시아를 통해서 입국할 예정이라면, 이 두 나라의 경유 비자 요건을 확인해보아야 한다. 러시아항공 아에로플로트를 타고 런던을 출발해서 모스크바를 거쳐 올 때와 마찬가지로, 몽골 국적 항공사인 몽골항공 MIAT를 이용해서 베를린에서 울란바토르로 입국한다면, 경유 승객으로 러시아를 지나올 수 있다. 현재 터키항공은 키르기스스탄의 수도인 비슈케크를 한 번 경유한 후 울란바토르로 오는 노선을 운항하고 있다. 대한항공은 유럽에 있는 공항에서 출발해서 서울을 거쳐 울란바토르로 들어온다. 베이징을 통해서 몽골로 입국할 경우에는, 항공편 연결 타이밍 때문에 중국에서 밤새 머물 수도 있기에 이중 입국 비자가 필요하다. 몽골에서는 여권을 항상 소지하고, 몽골 출입국 관리소의 도장이 찍혀 있는 여권 사본을 안전한 곳에 보관해두도록 하자.

【 항공 여행 】

칭기즈칸 국제공항은 잘 정비되어 있고 안내 표지도 잘 되어 있기 때문에 다소 혼잡하더라도 이곳을 통해 입국하는 과정은 대체로 무난하다. 이 공항은 울란바토르 시내에서 자동차로 20분 거리에 있다. 대부분의 경우 택시도 많이 대기하고 있고 시내버스도 있다. 시내에서 좀 더 떨어진 곳에 현재 울란바토르 신공항이 건설 중에 있다. 승객 수용 능력이 훨씬 큰 이

신공항은 2018년에 완공될 것으로 예상된다.

몽골항공 MIAT는 주2회 모스크바를 경유해서 유럽(베를린)으로 운항하며, 도쿄와 서울로도 운항한다. 러시아항공은 매주 수차례 모스크바를 오고 간다. 대한항공은 서울로, 에어차이나는 베이징, 상하이, 홍콩을 연결한다. 몽골 항공사(MIAT, 에어로 몽골리아, 에즈니스, 에어웨이즈, 훈누에어)를 이용해서 지방 주요 도시로 이동하는 것이 오지에 있는 지역으로 여행하는 가장 손쉬운 방법이다. 가령, 몽골 서부에 있는 우브스 지방과 호브드 지방, 북부에 있는 흐브스글 지방, 동부에 있는 초이발산으로 가려고 할 경우가 그렇다. 돌아오는 항공편은 주 2, 3회밖에 없을 수 있지만, 여름 관광 시즌에는 관광객들이 많이 찾는 명소를 연결하는 항공편이나 버스가 추가로 투입된다. 옛 몽골제국의 수도였던 카라코룸이나 사막 캠프가 근처에 있는 고비 사막 내의 달란자드가드가 그런 대표적인 관광지다. 한편, 울란바토르와 무룬을 연결하는 주요 도로가 새로 완공됨에 따라 항공 수요가 감소한 탓에 훈누에어는 2015년 3월에 흐브스글 취항을 중단했다.

【 철도 여행 】

모스크바와 베이징을 연결하는 남북 간 단선 광궤 울란바토르 철도는 울란바토르를 통과해서 달린다. 모스크바에서 울란바토르로 오는 데 5일 낮과 밤이 걸리고, 다시 울란바토르에서 베이징으로 가는 데 이틀이 걸린다. 다르항과 에르데넷에도 기차역이 있고, 이곳을 지나는 여객 열차는 계절에 따라 다르겠지만 하루 두세 편에 불과한 것 같다. 다르항은 주요 철도 노선상에 있고 에르데넷은 지선의 종착역이다. 두 도시 중 어느 곳에도 공항은 없다. 두 곳 모두 관광지라기보다는 비즈니스 목적으로 사람들이 찾는 곳이다. 울란바토르 기차역에 가면 열차 운행 시간표가 있다.

국제선 열차는 여름에는 예약을 해야 한다. 북쪽의 에르데넷과 남쪽의 처이르와 사인샨드로 가는 국내선 열차는 자주 없는데, 이들 역시 비즈니스 때문에 이용하는 승객들이 대부분을 차지한다. 최근 철도 개발이 부진한 반면 도로 교통 상황이 개선되면서 출장을 자주 다녀야 하는 사람들은 상품을 트럭에 싣고 이동하고 있다.

【 도로 여행 】

울란바토르에서 몽골 오지로 여행할 때는 대부분, 혹은 최소한 처음에는 도로를 이용한다. 체체를렉, 흐브스글, 운두르한(칭기스 타운이라고도 불린다) 같은 가까운 지방 대도시처럼 고속도로로 연결되어 있는 곳은 안락한 버스를 타고 여행할 수 있다. 장거리 고속버스는 운행 연한과 차량 모델에 따라 여러 수준으로 나뉜다. 운임이 가장 비싼 리무진 버스도 있지만, 과거에 대중교통 버스로 사용되었던 전력이 있는데다 좌석은 딱딱하고 짐은 지붕 위에 실어야 하는 버스까지 있어서 실로 다양하다. 버스를 타면 몇 시간을 달린 후에야 지방 도시나 주유소에 정차하는데, 그나마 화장실과 세면 시설은 열악하거나 없는 경우도 있다. 버스 안에서 녹음한 음악을 틀어줄 수도 있고 (버스 안에 스크린이 달려 있다면) 녹화한 TV 프로그램을 보여줄 수도 있다. 하지만 광활하고 아무것도 없는 풍경만이 계속되고

있는 가운데 물건을 파는 상인이 버스에 올라타는 일은 벌어
지지 않는다. 지방 도시에 도착해보면 기본적인 상점 한두 곳
만 겨우 발견할 수 있을 것이다.

울란바토르의 성긴헤르엉 지구에 있는 드래곤 트래블 센터
에 얼마 전에 국제선 버스 터미널 신청사가 개장했다. 이곳에
서는 16개 지방에 위치한 48개 지역행 버스 노선을 운영한다.
또한 울란바토르에서 러시아연방 부랴트 공화국에 있는 울란
우데로 가는 노선도 있으며, 중국 국경에 접해 있는 에렌(얼리
엔)으로 연결되는 노선도 개통할 계획이다.

이동 시간을 단축하고자 한다면 거리에 따라 운임을 지불
하는 미니버스를 타도 된다. 미니버스에는 목적지 안내판이

있기는 하지만, 여러분이 가고자 하는 목적지로 가는 것이 확실한지 주변의 도움을 받아 확인할 필요가 있다. 전원 지역을 관광하고 게르 캠프에 갈 계획이라면 이에 적당한 4륜 구동 자동차와 가이드, 운전사를 제공하는 관광 회사에 등록하기 바란다. 만약 다달 지구의 고르방 누르에 있는 칭기즈칸 탄생지처럼 국경 지역에 있는 곳에 가고 싶다면, 국경보호청으로부터 허가증을 받아야 할 것이다.

시내 구경

【택시】

울란바토르 택시들은 소속 회사별로 다른 색으로 칠해져 있다. 불이 들어오는 택시 표지판이 달려 있고 안에는 미터기가 있다. 택시는 택시 승강장에서 탈 수도 있고, 아니면 호텔에서 불러주기도 한다. 현재 택시 요금은 1km당 1500투그릭(약 690원)이다. 프리랜서 택시(개인택시)도 요금은 같다. 혼잡한 도로의 포장된 부분 가장자리의 적당한 장소(교차로나 신호등, 버스 정류장, 횡단보도는 피하라)에 서서 차량 진행 방향을 마주보면서 서서 손을

뻗으면 택시가 와서 태울 것이다(이 부분은 전적으로 여러분이 알아서 할 일이다).

애쓴 끝에 택시를 잡아 탔다면 기사에게 목적지를 이야기하라. 사람들이 자주 가는 곳일 경우 정액 요금이 적용된다. 이런 일련의 과정이 너무 복잡하게 느껴진다면, 호텔에서 영어를 할 줄 아는 몽골 사람을 불러서 택시 기사에게 할 말을 아예 몽골어로 적어서 가져간다. 팁을 줘야 하는 것은 아니지만 프리랜서 택시는 미터기를 쓰지 않는다. 따라서 기사가 요구하는 요금이 합리적인지 아닌지는 스스로 따져봐야 할 것이다. 다만 몽골 사람들은 일반적으로 정직하다.

【 버스와 무궤도 버스 】

대부분의 몽골 사람들이 출퇴근하고 통학할 때 이용하는 교통 수단이 바로 버스다. 울란바토르 버스 회사는 버스를 탈 때마다 결제하는 선불 스마트 카드를 도입하고 있다. 앞으로는 버스 운전기사에게서 1회용 버스표를 구입할 수 없게 될 것이다. 버스와 미니버스는 목적지 안내 표지를 달고 정해진 노선을 운행한다. 혼잡한 시간대에는 모든 버스가 콩나물 시루가 된다.

【 승용차 】

여러분의 회사에서 현지 차량을 제공하지 않을 경우에는 여러분이 직접 운전사가 딸린 차량을 대여하면 된다. 외국인들에게는 아직 자가 운전이 선택 범위 안에 들지 않는다. 보험 문제도 아직 해결되지 않았을 뿐더러, 운전 환경이 위험한 경우도 있고, 시골 지역에서는 GPS가 있더라도 길을 잃을 가능성이 높기 때문이다. 주요 도로들은 제대로 관리, 보수가 된 경우라면 대체로 상태가 양호하다. 하지만 폭우와 암석 슬라이드로 인해 훼손되기도 하고, 방목 가축과 야생 사슴 떼 때문에 특히 야간에 길이 막히기도 한다.

울란바토르에서는 교통 혼잡 시간대에는 교통량이 밀집되고 흐름이 천천히 진행된다. 번호판 번호에 따라 개인 차량 이용이 규제되고 있는데도 그렇다(번호에 따라 홀짝으로 자가용 2부제가 시행되고 있다. 단 일요일에는 자유롭게 운행 가능하다). 이런 교통 상황에서 과속과 음주 운전 때문에 사망자가 많이 발생한다. 특히 외딴 시골 지역의 사망에 이르는 교통사고 발생률이 높다. 2015년에 처음으로 도로 교통사고 현장에 구급 헬리콥터가 시험적으로 파견되었다. 항간에서는 몽골 운전자들은 자신이 지금 말을 타고 있는 것이 아니라는 사실을 잊고서 자동차 정지 거리도 말을 탔을 때와 같다고 생각한다는 이야기가 있다.

【 보행 】

울란바토르에 있는 명소들은 칭기즈칸 광장에 있거나 그 근처에 있는 경우가 많다. 광장 주변에는 볼 것도 많고 쇼핑하고 먹고 맥주 한 잔 하러 들릴 곳도 많다(161~163쪽 참조). 시내에서 걷는 것은 꽤 안전하지만, 통행이 많은 인도는 표면이 고르지 않고 울퉁불퉁하며 배수구 뚜껑이 열려 있기도 하다. 육교가 없는 곳에서는 신호등이나 횡단보도가 있는 곳에서 길을 건넌다. 사람들이 많은 곳에서는 소매치기에 주의해야 한다. 겨울에는 인도가 빙판 때문에 미끄러운 경우가 많다. 일부 도시 도로는 배수 시설이 열악하거나 아예 없어서 걸핏하면 범람한다. 여름에 비가 내릴 때에는 큰 물웅덩이 옆을 걸어가면서 조심해야 한다. 웅덩이 물이 얼마나 깊은지 가늠하기가 어렵기 때문이다.

【주소】

울란바토르 시내를 동서로 가로지는 주요 도로의 도로명은 '평화 대로(엔흐타이브니 우르군 출루)'이지만, 수년 전부터 이곳에 자리 잡고 있는 영국과 러시아 대사관에서는 여전히 예전 도로명대로 '평화의 거리(엔흐타이브니 구담즈)'라고 부른다. 1990년 민주화 혁명 이후 일부 도로명은 변경되었다. 레닌 대로는 칭기즈칸 대로(칭기신 우르군 출루)가 되었고, 스탈린 거리는 서울의 거리, 마르크스 거리는 올림픽 거리로 바뀌었다. 소련 문호의 이름을 붙였던 고르키 대로는 그 대신 20세기 초 몽골의 반만주 항쟁 영웅의 이름을 따서 아르드 아유시 대로가 되었다. 소련 최초의 우주인(1961년)을 기리는 뜻에서 이름 붙여진 가가린 거리와 브레주네프 거리는 18세기의 반만주 영웅인 아르마사나와 친군자브의 이름으로 바뀌었다. 간단사로 이어지는 헌법의 거리는 1960년 공산주의 헌법을 기념하기 위해 붙여진 이름이었다. 그 후 이 거리는 몽골 최초의 운두르 게겐에 대한 경의의 표시로 자나바자르 거리로 도로명이 변경되었다.

울란바토르 중심부에 있는 주요 거리들은 몽골어와 함께 영어로도 안내 표지판이 정비되어 있으며, 울란바토르 시내의 거리 약도는 영어로도 되어 있다. 건물들은 몽골어로 된 건물명이 때때로 눈에 띄긴 하지만, 번지수는 찾아보기 힘들다. 골목길은 대체로 안내 표지가 없고, 아예 이름이 없는 경우도 있다. 게르 지구에서는 도로와 담장이 쳐진 복합건물 단지에 번지가 매겨져 있다. 도시의 경우 주소는 구(두우레)와 그 하위 단위인 동(호로)의 번지수와 거리명의 조합으로 이루어져 있다.

숙소

울란바토르에는 고급 레스토랑을 갖추고 높은 국제 기준에 맞는 현대적인 호텔이 매우 다양하게 있다. 또한 이보다 편의 시설이 떨어지지만 소박한 가족용 호텔도 많다. 이외에도 학생이나 배낭여행객들을 위한 호스텔형 숙박 시설도 있다. 중간급 호텔 일부는 숙박과 조식만 제공하는 곳도 있다. 여름에는 호텔이 부족하기 때문에 일찍 예약해야 한다. 지방에 있는 호텔을 예약하고자 한다면 도움을 청하는 것이 좋다. 캠핑과 하이킹은 선택 사항이긴 하지만, 경험 많은 가이드가 안내를 맡아서 프로그램이 아주 좋다. 이런 가이드라면 여러분의 여행 계획이 적절한지 조언도 해줄 수 있다. 울란바토르에서 고용되어 일하게 된 외국인들은 영어로 제공되는 장기 임대 광고를 접하게 될 것이다.

최근 수년간 몽골의 수도 울란바토르에는 다수의 최고급 국제 호텔 체인을 유치했다. 울란바토르에서 가장 오래되고 비교적 흥미롭고 편리한 호텔들은 제일 비싸거나 호화로운 호텔

이 아니다. 하지만 편안하고 적절한데다 중심가인 칭기즈칸 광장에서 그리 멀지 않은 곳에 있다.

울란바토르 호텔은 가장 오래된 호텔(1960년에 오픈, 새 단장했음)이지만 시내 중심가에 있어서 여전히 제일 편리하다.

칭기즈칸 호텔은 평화 대로에서 벗어나서 도쿄의 거리(도쿄긴 구담즈)에 있다. 울란바토르 호텔보다 규모가 큰 이 호텔 바로 뒤편에는 스카이 쇼핑센터가 있다.

평화 대로를 가로질러 칭기신 우르군 출루(칭기즈칸 대로)에 있는 바얀 골 호텔은 친근한 분위기이며 단체 관광객들이 선호하는 곳이다.

올림핀 구담즈(올림픽 거리)에 있는 스프링스 호텔은 규모가 작고 안락하며 칭기즈칸 광장을 내려다볼 수 있어서 전망이 좋다.

엔흐타이브니 우르군 출루(평화 대로)에서 벗어난 곳에 위치한 에델바이스 호텔은 규모가 작고 조용한 지역에 위치해 있으며 셀베강을 전망할 수 있다.

보건

보건 측면에서 봤을 때 몽골은 안전한 나라
다. 특별한 예방접종을 요구하지는 않지만,
파상풍은 최근에 접종한 상태여야 한다. 호수에
서 낚시를 하거나 새를 관찰할 계획이라면 벌레 퇴
치 스프레이를 준비한다. 출국하기 전에 여러분의 본국 송환
을 보장해줄 여행자 보험을 챙겨서 가지고 간다. 특별한 약을
복용 중이라면 충분한 양을 준비해서 가져간다.

울란바토르의 의료 서비스는 양호하며, 대부분의 호텔에는
의사나 간호사가 대기 중에 있다. 현지 약국에는 가벼운 질병
치료에 필요한 일반 의약품과 반창고, 연고 등은 상시 구비되
어 있다. 만약 울란바토르에서 아프거나 다치게 되면 가장 먼
저 찾아야 할 곳은 평화 대로(엔흐타이브니 우르군 출루)에 있는 한
국 우정 병원이다. 이곳은 영어로 의사소통이 가능하기 때문
이다. 병원 치료비는 현지에서 일단 (카드나 현금으로) 지불한 뒤,
귀국 후에 여러분이 가입한 보험사에 청구하면 된다. 몽골어
로 써 있다 하더라도 관련된 모든 청구서는 잘 챙겨두는 것이
좋다.

열사병이나 동상에 걸리지 않도록 적절한 옷차림은 필수다. 겨울에 여행할 경우, 따뜻한 야외 활동복과 바닥이 두꺼운 부츠, 여분의 양말과 장갑, 귀마개가 달린 모자가 필요하다. 울란바토르에서 수돗물은 마셔도 되지만, 대체로 병에 든 생수를 구하기 쉽다. 단순히 물이 바뀌면서 설사를 할 수도 있으니, 이런 상황에 대비해서 적절한 약을 준비해 와야 한다. 씻지 않은 야채와 과일은 먹지 않고 손을 자주 씻는 것도 좋은 방법이다. 단체 식사를 제공하는 식당에 가면, 손님이 오기 전에 테이블에 나와 있던 샐러드는 피하도록 하라.

【 자연재해 】

만약 운이 나쁘게도 현지에서 풍토병에 걸릴 경우 몇 가지 질환은 치료를 받아야 한다. 먼저, 개를 비롯한 기타 동물과 접촉할 때에는 광견병에 걸려 있을지도 모르므로 조심해야 한다. 병 든 동물에 물릴 경우에는 알코올로 상처를 씻고 병원을 찾아간다. 간혹 몽골에서는 흑사병이 발생하는데, 만약 흑사병에 걸린다면 격리 대상이 된다. 하지만 감염된 벼룩을 옮기는 죽은 마못에 가까이 가거나 이를 만진 경우가 아니라면 병에 걸릴 위험은 없다. 진드기 매개 뇌염을 피하는 가장 좋은 방법은 벌레 퇴치제를 사용하는 것이다. 또한 숲이 많은 지역에서는 긴팔 옷을 입고 바짓단을 양말이나 부츠 속에 집어넣어야 한다. 한편, 울란바토르에만 있더라도 고산병에 걸릴 수 있다. 고산병 증세가 나타나면, 환경에 적응할 시간을 줘야 한다. 또한 자외선 차단제와 챙이 넓은 모자를 써서 화상을 입지 않도록 하고 물을 충분히 마시도록 한다. 알코올 섭취는 삼간다.

들판을 횡단하며 달릴 때에는 안전벨트를 매야 한다. 바짝 말라붙은 강은 항상 바닥이 보이는 것이 아니라서 생각보다 깊은 경우도 있다. 강을 건널 때는 강물의 깊이와 흐름을 먼저 확인하도록 한다. 그리고 여행은 낮 시간에 한다.

안전과 치안

몽골에서 발생하는 대부분의 범죄는 폭력 범죄가 아니지만, 사람들이 많은 곳에서는 경범죄가 흔히 일어난다. 어린이와 청소년을 포함해서 그룹을 지어 행인에게 돈을 요구하며 괴롭히는 일이 종종 있다. 외국인의 경우, 야간에 어두운 거리를 걸어가거나 대중교통을 이용하거나 무허가 택시를 이용할 때 공격을 받거나 강도를 당할 수 있다. 국제선 열차는 밀수업자들이 이용한다. 국내선 항공을 신뢰할 수 있는지는 고국의 대사관에 문의해서 조언을 구하도록 한다.

마약을 소지하거나 사용하는 것은 불법이다. 여러분은 말투나 옷차림, 행동을 보면 외국인이라는 것이 드러난다. 그러므로 일부러 사람들의 이목을 집중시키는 행동은 삼가기 바란다. 사람들의 사진을 찍을 때에는 사전에 허락을 구하는 것이 예의다. 특히 기도를 하고 있는 사람들에게는 더욱 그래야 한다. 어떤 사람들은 동영상이나 사진 촬영의 대가로 일정 금액을 요구하기도 한다.

소매치기의 경우, 전문가가 있는가 하면 놀라울 만큼 서툰 사람들도 있다. 길거리 횡단보도에서 그리고 특히 시장에서 그들은 여러분의 지갑이나 여권을 노린다. 소매치기가 여러분 물선에 손을 내는 것을 눈치 챘다면 악을 쓰며 소리치라. 하지만 도움은 기대하지 않는 편이 좋다. 솜씨 좋은 소매치기는 다른 사람들과 구별이 가지 않을뿐더러, 여러분을 살짝 스쳐 지난 다음에 유유히 사라져버릴 공산이 크다.

일반적인 주의사항은 몽골에서도 적용된다. 필요 없는 현금이나 귀중품은 호텔 방이라도 아무렇게나 놔두지 말고, 가지고 다니지 말 것이며, 안전한 곳에 보관한다. 환전은 은행이나 환전소에 하는 것이 안전하다. 길거리에 있는 ATM에서 현금을 찾을 때에는 특히 더 조심해야 한다. 공공장소에서는 지폐 뭉치를 꺼내지 말고 호텔 방 안에서 정리한다. 몽골 지폐에는 대부분 칭기즈칸의 초상화가 있으며 모두 비슷해 보이지만 지폐별로 색상이 다르다. 몽골에는 동전은 없다.

울란바토르 거리에 나가면 마땅한 직업이 없는 사람들이 구두를 닦아주거나, 몸무게를 측정해주거나, 전화를 걸게 해주거나, 심지어 담배를 낱개로 팔고서 약간의 서비스 요금을 요구하기도 한다. 집이 없어서 지하의 도시 난방 파이프 옆에서 사는 아이들은 카페 안까지 들어와서 돈을 구걸하는 경우도 있다. 이럴 때에는 아이들에게 돈보다는 먹을 것을 줄 생각을 하는 편이 좋다. 이러한 광경은 일찍이 몽골에서 인구 이동과 실업이 발생하면서 생겨난 사회 문제의 일면일 뿐이다. 하지만 이런 문제가 여전히 몽골의 발목을 잡고 있는 실정이다.

간혹 외국인들은 바에서 속아 넘어가거나 크게 부풀린 것으로 추정되는 엄청난 금액의 청구서를 받고 위협을 당하는 경우가 있다. 혹은 매력적으로 보이는 젊은이들과 현명하지 못한 사적인 협상에 들어가는 경우도 있다. 어떤 몽골 사람들은 과음을 하면 호전적이 되고 외국인에 대한 해묵은 선입견을 기억해낸다.

아시아 한복판에도 온갖 성병이 전파되어 있다는 사실을 명심하라. 몽골 사람들은 시골에서 동물과 함께 자라서 성에 대해서는 잘 알고 있다. 하지만 이들은 대체로 자신의 의견은 드러내지 않고 가슴에 묻어두고 있다. 몽골 사람들은 정절을 인정하고 원칙적으로는 성 평등에 찬성하지만, 최근까지 불법 행위였던 동성연애에 대해서는 찬성하지 않는다. 2014년 세계 관용의 날에 성적 소수자 문제에 대해 발언한 주요 연사는 바로 미국 대사였을 정도다!

【 기타 위험 】

스케이트나 스키를 타건, 등산을 하건, 사막을 횡단하건, 말이나 낙타를 타건, 스케줄에 없는 항공편을 이용하건, 먼저 여러분의 보험 담보 범위를 확인해야 한다. 그리고 모든 예약은 추천받은 여행사를 통하도록 한다.

08

비즈니스
현황

몽골의 사기업이나 국영 기관은 위계질서가 엄격하고 직원들 통제가 잘된다. 이른바 '가족' 기업은 한 명의 보스가 사장으로서 회사를 경영하는 경우가 보통이다. 사장은 남성일 수도 있고 여성일 수도 있으며, 정치인이 맡기도 한다. 최근 기업 투명성 법, 일명 '유리' 법이 도입 되면서 이제는 직원의 소득과 부동산 자산에 관한 정보 일부가 공개되고 있다. 하지만 기업 내부의 경영 방식은 여전히 불투명한 상황이다.

비즈니스 환경

최근 몽골의 GDP 성장률은 곤두박질쳐서 2011년 17.5%였던 것이 2015년에는 3%로 떨어질 것으로 예상된다. 인플레이션도 심해서, 2015년 1/4분기에 9.3%를 기록했다. 미국 달러 대 투그릭 환율은 2012년에 1달러 : 1357투그릭에서 2014년에 1달러 : 1985투그릭으로 올랐다. 적자를 줄이기 위해 정부 지출을 삭감하고자 2014년과 2015년 예산은 모두 두 차례에 걸쳐 수정되었다. 이를 위한 조치로 정부 기관과 국영 기업에서 일하던 많은 공무원이 해고되었다. 대상 국영 기업들 중 32개 사는 손실을 내고 있었다.

해외 직접 투자도 내리막으로 돌아섰다. 그 원인은 국제 원자재 시장의 불안(구리, 석탄, 석유의 가격 하락), 세금과 파트너십 문제를 둘러싸고 오유 톨고이와 타반 톨고이와의 공식적인 불화, 몽골의 경제적 안정에 대한 불확실성, 부채 증가, 2016년에 치러질 총선에 대한 전망 때문이었다.

런던 증권거래소로부터 밀레니엄 IT를 도입하고 지원을 받았지만, 그래도 몽골 증권거래소는 여전히 저조한 매출을 기록하는 소규모 사업체에 머물러 있다. 2014년에 거래된 5170만

주의 시가 총액은 242억 투그릭, 국채 거래 총액은 361억 투그릭을 기록하여 총 604억 투그릭(3200만 달러)이 거래되었다. 상장 기업 수는 5만 9843개이다.

2014년 기준으로 시가 총액 상위 상장 기업에는 APU(주류 및 음료), 타반 톨고이(석탄), 베흐 울(형석), 또 다른 3개 석탄 탄광, 고비(캐시미어), 국영 백화점이 꼽힌다. 전직 상공회의소 회장이자 민의 녹색당 공동 의장인 뎀베렐 의장은 몽골 대통령과 국회의장, 총리에게 보내는 서한에서 몽골의 비즈니스 환경은 "처참한 수준"이라고 했다.

몽골의 선도적 경영인 비얌바사이한 몽골 전경련 회장은 몽골 정부의 비즈니스 개입에 대한 국제사회의 부정적인 인식이 문제라고 평가한다. 몽골의 광물자원은 귀중한 자산이지만, 정부는 투자 자본 유치에 서툴고, 주주와의 관계를 관리하는 것도 형편없으며, 프로젝트 발주와 수익 창출 실력도 부진하다는 것이 그의 의견이다. 몽골 업체들 중 일부는 국제적 관행에 맞게 경영을 하지만 대다수는 그렇지 못한 것이 현실이다. 몽골 경제와 관련해서는 정부의 비즈니스 개입, 사법 시스템 적용 방식, 비즈니스 리더 처벌 등에 대한 우려가 있다. 국제 비즈니스계와 채권자들은 몽골에서 법치주의가 실현되고 계약의 구속력이 효력을 발휘하는 모습을 보고 싶어 한다. 그는 여기에 덧붙여서 기업을 보호하는 공정한 사법 시스템을 갖추는 것이 중요하다고 강조했다.

몽골의 석탄, 금, 구리, 철광석 매장량은 상당한 수준이며, 희토류, 우라늄을 비롯한 기타 광물의 잠재력도 굉장하다. 하지만 몽골의 후진적인 인프라가 걸림돌이다. 몽골의 대외무역 대부분은 러시아와 중국이라는 두 인접국에 대한 의존도가 높다. 그래서 몽골은 수년간 이들 두 나라가 철도 건설에 관심을 가지도록 노력해왔다. 철도가 건설되면 중국을 경유하여 태평양 연안의 항구로 연결되기 때문에 몽골의 수출 잠재력이 엄청나게 향상될 수 있기 때문이다. 하지만 연이어 들어선 몽골 정부가 철도 궤도를 둘러싼 국내의 이견을 좁히지 못하는 무능력을 보여준 탓에 철도 건설 문제는 아무런 진전이 없는 상태다. 몽골에 있는 기존의 철도는 러시아식 광궤철도라서 사인샨드에서 초이발산을 경유하여 동부 철도를 연결하는 광궤철도 건설 계획이 수립되어 있다. 하지만 석탄 및 동 광산 개발 업체 측은 중국식 표준에 맞는 궤도 노선을 건설해서 생산품을 중국으로 수출하기를 원한다. 2014년에 이 문제는 원칙적으로는 해결점을 찾았지만, 철도 건설에 필요한 재원 조달과 건설이라는 과정이 아직 남아 있다.

몽골은 '제3의 이웃' 정책의 일환으로 러시아와 중국의 정치·경제적 경쟁국들과의 관계를 발전시키고 있다. 그중에는 미국과 EU, 일본, 유럽안보협력기구와 나토 같은 국제기구도 포함되어 있다. 사실 해외 투자자들은 몽골의 '영원한 이웃' 국가들이 몽골에 미치는 영향력에 대해 우려하고 있다. 몽골 정부는 동안 러시아-중국 간 가스관을 건설할 때 몽골을 통과해서 지나가게 만들려고 오랫동안 공을 들였다. 하지만 이 가스관은 바이칼호 북쪽에 있는 시베리아를 출발해서 몽골을 우회하여 만주로 가는 것으로 정해졌다. 몽골을 통과해서 남북을 연결한 도로와 철도 시설 개선 계획을 놓고 많은 토론이 있었다. 하지만 이번에도 몽골을 우회하기로 하고 시베리아 서부에서 신장을 거쳐 중국 중부에 있는 여러 도시들과 연결되는 노선과 시베리아 동부에서 아무르를 가로질러 만주로 가는 노선으로 러시아-중국 간 철도 건설 계획이 논의되기도 했다.

몽골에서 사업하기

몽골 정부는 해외직접투자(FDI)를 지원한다는 입장을 꾸준히 밝혀왔다. 대통령을 위시한 고위 공무원들은 해외투자에 대한 약속은 반드시 지켜질 것이며 투자자 친화적인 법령들이 통과될 것이라고 공언했다. 하지만 일부 투자자들은 해외투자에 대한 몽골의 지원은 아직 현실이라기보다는 열망에 머물고 있다고 평가한다. 이들은 투자와 기타 법제 개혁이 시행되었음에도 불구하고, 투명한 법치주의와 계약의 구속력, 자유시장 원칙을 적용하겠다는 몽골 정부의 의지를 보여주려면 리오 틴토와의 분쟁을 투자·주주 협약에 부합되게 해결하고 오유 톨고이 동·금 광산 개발을 완료하는 모습을 보여줘야 한다고 이야기한다.

자본 투자 담당 기관인 (2013년에 설립된) 몽골 투자청(옛 경제 개발부 산하의 해외투자 조정·등록국의 후신)은 지금은 총리 직속 기관이다. 회사와 투자자 등록 업무는 법무부(EU의 관행에 맞게 부처 영문명은 Ministry of Justice지만 실제 몽골어로는 Ministry of Law다) 산하의 국가 등록 총국으로 이관되었다. 2014년 개각 이후 부처 명과 주소지가 많이 변경되었다. 국가 통계청은 웹사이트에 월간·연간 경제 정보를 제공하고 있다. 몬차메* 통신은 영문 월례·연례 경제 보고서를 발간한다. 참고할 만한 연례 간행물 가운데에는 옥스퍼드 비즈니스 그룹이 발간한『보고서: 몽골(The Report: Mongolia)』, 라우틀리지 출판사의『극동아시아와 오스트랄라시아(The Far East and Australasia)』중 몽골 부분이 있다.

몽골 투자에 관심이 있는 잠재적 투자자에게 몽골에서 사업하는 데 필요한 신뢰할 수 있는 정보를 제공하는 해외 정보원은 얼마 되지 않는다. 영국 무역 투자청 웹사이트에 가면 '대몽골 수출' 메뉴 안에서 장점, 과제, 성장 잠재력, 스타트업과 고려해야 할 법적 문제, 세금과 관세, 비즈니스 행태 등을 다루고 있다. 일반적으로 몽골의 장점으로 꼽히는 것들은 빠

---

* 몽고 국영 통신 - 옮긴이

른 경제 성장 잠재력, 자유롭게 환전 가능한 화폐, 영어 구사자 증가 등이다. 이외에도 몽골은 잘 교육받은 국민(성인 문맹 퇴치율 97.4%), 새로운 아이디어와 제품에 개방적인 젊은 인구(전체 인구의 81% 이상이 40세 미만이다), 낮은 공공요금 등이 강점으로 평가된다.

몽골이 안고 있는 과제도 실로 다양하다. 내륙 국가인 몽골의 지리적 위치, 세계 광물 가격에 대한 높은 의존도, 전문 기술 부족, 잦은 법 개정과 일관성 없는 법과 규제 적용, 관료주의는 단점이다. 뿐만 아니라 2014년 말에 이루어진 개각과 이로 인해 외교관을 포함한 공무원들의 대규모 인사 이동이 있었던 점도 몽골이 안고 있는 과제 목록에 추가될 수 있겠다. 2013년 몽골의 대미 수출액은 390만 달러에 그친 반면, 수입은 5억 1270만 달러를 기록했다.

런던에 본부가 있는 몽골-영국 상공회의소에서는 객원 연사를 초청해서 '몽골과 사업하기'를 주제로 정기적인 모임을 개최하고 있다(267쪽 참조). 이 자리에는 몽골에서 일했던 경험이 있는 고위 경영인을 비롯해서 몽골 외교관, 공무원, 무역업자들이 참석한다. mongolia.usembassy.gov에 있는 '몽골에서 사업하기' 메뉴 안에는 연례 몽골 투자 환경 보고서가 올라온다. 19개 챕터로 구성된 이 보고서에서는 첫 챕터로 해외투자에 대한 개방성을 시작으로 수용과 보상 챕터를 거쳐 사유권, 투명성, 투자, 무역 지대, 통계 자료(267쪽 참조)까지 다루고 있다. 보다 자세한 정보를 원한다면 가까운 곳에 있는 몽골 대사관에서 근무하는 상무관에게 문의하기 바란다.

기업경영 문화

몽골의 사기업이나 국영 기관은 위계질서가 엄격하고 직원들 통제가 잘된다. 이른바 '가족' 기업은 한 명의 보스가 사장으로서 회사를 경영하는 경우가 보통이다. 사장은 남성일 수도 있고 여성일 수도 있으며, 정치인이 맡기도 한다. 최근 기업 투명성 법, 일명 '유리' 법이 도입되면서 이제는 직원의 소득과 부동산 자산에 관한 정보 일부가 공개되고 있다. 하지만 기업 내부의 경영 방식은 여전히 불투명한 상황이다.

대후랄 소속 국회의원들은 국가 경제와 개별 분야의 성장 방향에 영향을 줄 수 있는 상당한 권력을 지니고 있다. '소련' 시절의 구세대와 하원의원들, 재계의 일부는 시장경제와 사유화에 대해 모호한 입장을 취하고 있다. 몽골에는 약 5만 개의 사기업이 있는데 이들 대부분은 직원 수가 10인 미만이다. 이에 비해 국영기업은 80여 개가 있는데, 이중 절반은 손실 경영을 하고 있으며 직원 수는 수천 명인 경우가 많다. 현재 연립정부가 사유화를 밀어붙이겠다는 의지를 표명하고는 있지만, 2012년 이래로 국영기업 수는 실제로는 약간 증가했다. 아마도 일부 영향력 있는 인사들이 국가 소유가 국익에 부합하는 것이라는 낡은 사고를 고수하고 있기 때문으로 보인다. 예를 들어, 지난 20년간 노력했으나 몽골항공을 사유화하는 것이 불가능했던 것도 바로 그런 이유 때문이다.

몽골 노동조합 연맹과 여기에 소속된 하위 노동조합들은 요즘 노동 보호 문제, 특히 산업 안전 문제를 주제로 고용주 조직과 활발히 논쟁을 벌이고 있다. 몽골에서는 대체로 근로자의 임금과 근로 여건을 정부가 법령으로 관리하며, 시위와 파업이 빈번히 발생한다. 사회주의 시절에는 노조 가입이 의무였으나 1990년 이후에는 노조원 수가 급속히 줄었다. 정부 부처에서는 노조와 고용주 사이에 비즈니스 파트너십 협약을 체결하도록 장려하고 있다.

부패

부패 관행은 여전히 고질적으로 만연해 있으며, 범죄이지만 기회만 되면 나타난다. 이 같은 관행은 전통적으로 씨족주의와 지역주의를 지원하는 시스템 때문이라기보다는 소비에트 통치 기간이 남긴 유산이다. 주몽골 미국 국제 개발처에 따르면, 부패 기회는 '사소한' (행정적) 차원에서나 '중요한' (엘리트) 차원에서나 모두 늘어났다. 엘리트 차원의 대형 부패가 더욱 심각한 위협이 되는 이유는, 이로 인해 '정재계 권력층 사이의 결탁을 강화해서 국가의 민주주의와 발전에 부정적인 영향을 미치거나 실패하게 만들 수 있기' 때문이다.

2006년에 제정된 몽골의 반부패법에 따라 반부패 기구가 설립되었다. 이 기구의 영문명은 Independent Authority against Corruption, IAAC(IAAC, 부패퇴치독립기구)로서, 부패 사안을 감사하는 책임을 지고 있는 주요 기구다. 하지만 2013년에는 반부패법이 일관성 없이 시행된 탓에 정부 내에서 지위 고하를 막론하고 부패가 계속 늘어나는 결과를 낳았다. 일이 이렇게 된 요인은 이익을 둘러싼 갈등, 투명성 부족 또는 정보 접근 부족, 부적절한 공공서비스, 주요 기관에 대한 정부의 장악력 부족 등이 꼽힌다. 2013년, 국제 투명성 기구의 부패 인식 지수를 바탕으로 했을 때 몽골은 177개국 중 83위였다. 몽골에서 감사 활동의 발목이 잡힌 이유는 대후랄 소속 국회의원들이 정부 부처 장관을 겸임함으로써 면책특권의 혜택을 받기 때문이다. 최근 주몽골 미국 대사관에서는 통역사 채용 공고(영문)를 내면서 지원자들에게 '반족벌주의'와 기타 잠재적인 '이해 충돌' 문제를 다시 한 번 강조했다.

알탕후약 전 총리가 IAAC의 감사 활동이 정직하고 열심히 일하는 정치인과 기업인들의 노력에 찬물을 끼얹었다는 불평을 간혹 했을 정도로 부패퇴치독립기구의 권한은 강해졌다. 정부와 국회 공무원들의 연례 소득신고가 공개되고 있지만, 대중들은 여전히 국정 지도자와 재계 거물들의 삶에 대해서는 아는 바가 거의 없다. 일부 정보는 비즈니스 디렉터리에서 찾을 수 있으며, 비즈니스 기관에서는 연례적으로 '최고의' 경영인을 뽑기도 한다. 기업들은 법으로 규제를 받으며 기업 활동은 언론을 통해 보도된다.

대인관계

일반적인 경우와 마찬가지로 비즈니스에서도 사람들에게 예의를 갖추고, 마음에 드는 부분을 칭찬하고, 도움을 준 사람에게는 반드시 감사를 표해야 한다. 만약 도움이 필요한 일이 생기면 누구에게 도움을 요청할지 잘 생각해야 한다. 가령, 지위나 언어 능력이 못 미치는 사람에게 능력에 맞지 않는 임무를 부탁해서 부담을 주는 일은 피하도록 하라. 여러분이 부탁받는 입장이라면 꺼려할 것 같은 일은 부탁하지 않도록 주의하라. 여러분 마음에 들지 않지만 말한다고 해서 달라지지 않는 몽골의 관습이나 몽골 사람들의 행태에 대해 비판적으로 논평하는 일은 피하라. 조언해주는 사람의 지식과 능력에 따라서 그의 말에 귀를 기울이도록 하라. 조언을 할 때에는 신중하고 적절하게 해야 하며, "우리는 이렇게 해."라는 말은 하지 말라. 현지의 정치인이나 재계 인사에 대한 논쟁에 끼어드는 것은 피해야 한다. '비밀리에' 얻은 정보는 조심해서 다루도록 하라. 과음하지 말라!

여러분이 몽골 비즈니스맨을 처음 만나는 자리는 아무래도 국내외에서 열리는 비즈니스 회의석상이 될 것이다. 또는 몽골을 방문하는 대표단이나 이익단체의 일원으로서 몽골 기업인과 첫 대면을 하게 될 것이다. 첫 미팅 때에는 격식을 차리는 것이 중요하다. 남녀 모두 검소한 옷차림을 한다. 남성의 경우 긴팔 셔츠에 넥타이를 매고, 여성도 남성과 같은 격으로 여성 비즈니스 룩으로 입는다. 악수할 때는 손을 꼭 잡고 단호하게 하지만, 허리 굽혀 절하거나 아첨하는 듯 행동해서는 안 된다. 품위 있게 행동하는 것이 대단히 중요하기 때문이다. 말할 때에는 진정성이 담겨 있는 정직한 어투로 한다. 상대방 중 연장자에게는 존경하는 모습을 보인다. 눈을 맞추는 것도 중요하다. 만일 시선을 피하면 부끄러움을 많이 타거나 최악의 경우에는 자리가 불편하거나 불만이 있는 것으로 비칠 수 있다.

몽골의 구세대 기업인들은 동유럽에서 교육받은 사람들이며, 그들의 비즈니스 스타일을 보면 러시아의 영향이 보인다. 이에

비해 신세대 기업인들은 서방에서 교육받은 사람들이 점점 늘어나고 있는 추세다. 이들은 영어를 할 줄 아는 경우가 많고, 대개 서구식 비즈니스 방식에 대한 이해도 높다. 또한 이들 대부분은 외국인 사업 파트너를 대하는 것이 익숙하다. 그러나 많은 몽골 사람들은 중국인 사업 파트너는 믿을 만

한 사람이 못 된다는 인식을 지니고 있다.

【공문】

공문과 관련해서는 대체로 별 어려움은 없을 것이다. 몽골 기업인들은 영문 서한에 익숙하기 때문이다. 회사 로고가 찍힌 종이로 보내는 공문이라면 달리 특별한 접근법이 필요하지도 않다. 물론 은어나 자주 쓰지 않는 약어 같은 것은 피해야 한다. 마치 그림처럼 보일 수도 있는 몽골어로 작성된 전문적인 서한을 받는다면 전문 번역가가 필요할 수도 있다.

미팅

대부분의 몽골 기업인들은 유럽의 비즈니스 관행과 관례를 잘 알고 있으며, 유럽 기업인들이 하듯 미소 짓고, 정중하게 인사하고, 악수하고, 명함을 교환하는 등의 행동을 한다. 다만 몽골 사람들은 첫 미팅 때나 사진을 찍을 때는 유럽 사람들만큼 미소를 보이지는 않는다. 악수의 경우, 어떤 사람들은 이것을 외국 관습이라 여기고 하지 않는 경우도 있다. 몽골의 호칭 방식에 대해 보려면 248쪽을 참조하기 바란다. 사무실에서 하는 미팅은 대개 긴 테이블에서 열린다. 테이블 양쪽에 각각 상대방을 마주보고 착석하는데, 일행 중 연장자가 각기 테이블 중앙에 앉고 그 옆으로 보좌관들이 자리한다. 몽골에서는 최고 위급은 예의상 작게 말하는 경향이 있다. 따라서 마이크가 준비되어 있지 않거나 여러분의 좌석이 발언하는 사람과 멀리 떨어져 있다면 귀를 기울이고 경청해야 할 것이다!

프레젠테이션

비즈니스 회의나 포럼 석상에 가면, 행사 주최자들은 그날의 프로그램을 서둘러 끝내느라 질의 응답이나 토론 시간을 따로 마련할 필요가 있다는 사실을 잊어버리는 경향이 있다. 그렇더라도 회의에 참석한 대표들은 행사가 진행되는 동안 서로 이야기를 나눌 수 있다. 어떤 연사는 현대적인 멀티미디어 프레젠테이션 자료를 만들어 오기도 하지만, 연단에 서서 조용히 몽골어 텍스트를 그냥 읽어 내려가는 연사도 있다.

몽골에서 사업을 하고자 하는 외국인들은 영어로 전자 시청각 프레젠테이션 자료를 준비해 가야 한다. 자료 안에는 자신의 회사가 어떤 일을 하며, 몽골에서 자사와 동업할 경우 어떤  이득을 얻을 수 있는가 하는 내용이 담겨 있어야 한다. 몽골에 있는 비즈니스 회의 장소에는 이런 프레젠테이션을 할 수 있는 준비가 갖추어져 있다. 프레젠테이션은 단순한 포맷을 따라야 하며 마지막에는 제일 중요한 이슈를 간략히 다시 한 번 강조하면서 자세한 연락처를 소개하는 것으로 끝맺도록 한다. 발표 후에 청중으로부터 받은 질문들은 간혹 세션 진행자가 주제별로 같이 묶어서 질문하기도 한다. 혹시 청중의 반응이 좋다면 발표자는 추가 토론에 초대될 수 있다.

몽골의 장관과 기업인은 훌륭한 영어를 구사하는 경우가 많지만 전문용어가 부족할 때에는 중간에 몽골어로 이야기할 수도 있다. 규모가 큰 미팅이나 회의에는 전문 통역사가 있어서 참석자들은 무선 이어폰으로 발표를 듣고 1~2개 구비되어 있는 마이크로 질문도 할 수 있다. 통역사들은 일상적인 영어 실력은 뛰어나지만 회의 주제와 관련해서는 전문 지식이 부족할 수 있다. 특히 주제가 기술적이고 전문적일 경우 더욱 그렇다.

협상

협상을 처음 시작할 때에는 너무 자세한 주장을 하거나 복잡한 프레젠테이션으로 말문을 열지 말라고 권하고 싶다. 그럴 경우 빠른 결정을 내리길 원한다는 인상을 줄 수 있기 때문이다. 먼저 프로젝트의 목표를 놓고 고위급 인사들 간에 전반적인 논의를 한 뒤, 원칙적인 합의에 도달한 후에 세부적인 사항을 다루는 편이 더 낫다. 그런 다음에 내려진 결론은 경영진에게 보고된다. 최종 결정권자는 조인하기로 합의되기 전까지는 미팅에 참석하지 않을 수도 있다. 초기 단계에서 많은 서류에 서명해야 하면 좋지 않은 인상을 준다. 가능하다면, 여러분

이 대해야 하는 상대측을 잘 아는 현지인에게 조언을 구하도록 하라. 그렇게 해서 미래의 고객이 관심을 가질 만한 특별한 분야가 무엇인지 알게 되면 그쪽으로 제안을 하라. 테이블을 가운데 놓고 벌이는 협상은 밀도 있게 진행되겠지만 격식이 갖춰지지는 않을 것이다. 협상은 구술 문화다. 그래서 공식적인 의제나 회의록 없이 진행되는 경우도 종종 있지만, 주협상자의 보좌관들이 협상 내용을 필기한다.

계약서

계약서는 중요하다. 대개의 경우 계약서는 영문 1부, 몽골어로 1부, 이렇게 2부씩 작성된다. 그러나 계약서에 사인까지 다 마쳤다 하더라도 계약서 내용에 문제가 제기되거나 조항을 무시하거나 오용하는 경우가 생길 수 있다. 또한 경쟁업체들이 '비밀 조항'과 '특별 거래'에 대해 고발을 할 수도 있다. 긴혹 계약서나 규정에 대한 해석을 놓고 다소 혼란이 일기도 한다.

【 분쟁 해결 】

때때로 정부 프로젝트 담당 공무원들이 퇴직하면서 관련 문서를 가지고 나가서 그 프로젝트를 마무리해야 하는 사람들이 곤란해지는 경우가 있다. 힘든 논쟁과 의견 충돌이 발생했을 때에는 절대로 몽골 측을 직접적으로 비난하거나 반박해서는 안 된다. 특히 다른 사람들 앞에서는 더더욱 금물이다. 이런 종류의 언쟁은 사적인 자리에서 적절한 때에만 하는 법이다.

계약 이행과 관련해서 의견 충돌이 생겼고, 양측이 만난 자리에서 이견이 좁혀지지 않는다면, 현지에서 몽골 상공회의소의 중재를 받는 것이 그다음 단계다. 막대한 투자금이 달려 있는 대기업들은 이런 경우 국제 중재를 요청한다.

【 여행 금지 】

몽골에서는 공공기관이건 민간기업이건, 외국 투자자들이 민사분쟁을 해결하도록 압력을 가하기 위해 행정적으로 여행 금지 처분을 이용하기도 한다. 이민 담당 공무원은 범죄 수사와 민사분쟁 해결이 있을 때까지 혹은 이민법 위반을 이유로 여행 금지 처분을 부과할 수 있다. 행정적으로 분쟁이 해결되거나 법원에서 결정을 내릴 때까지는 출국이 허락되지 않는다.

· SGS 재판 ·

2015년 1월 말, 울란바토르에서는 미국 시민권자 저스틴 카플라와 두 명의 필리핀인 힐라리온 카주콤, 크리스토발 데이비드의 재판이 열렸다. 재판 결과 이들은 68억 달러 탈세 죄로 징역 5년 형을 선고받았다. 이 세 사람은 리오틴토사(社)가 주주로 있는 캐나다 광산업체 사우스고비리소스사의 계열사 사우스고비샌드사의 직원들이었다. 2012년 5월, 몽골 당국은 이들의 사무실을 급습한 후 3년 동안이나 수사를 질질 끌었다. 그러는 동안 피의자들은 출국이 금지되었고 이들의 은행계좌도 동결되었다. 2014년 5월, 이들에 대한 공소가 기각되자, 카플라는 유엔인권위원회에 고소했다. 이 사건은 민사소송이었음에도 불구하고, 검찰은 형법을 적용하여 징역형을 구형하여 법원을 놀라게 했던 것이다.

파이퍼 캠벨 주몽골 미국 대사는 이 재판에 참석한 후 부적절한 통역 때문에 피고들이 소송 절차를 제대로 이해하지 못했으며 그들의 입장을 명확하게 밝히지도 못했다고 전했다. 울란바토르 주재 미국 상공회의소 잭슨 콕스 회장역시 재판에 참석한 후 재판 결과 때문에 투자와 교역 강화를 논하기가 어려워졌다고 논평했다.

여성 기업인

몽골에서는 여성을 남성과 다르게 대하지 않는다. 이는 비즈니스계에서도 예외가 아니다. 몽골에는 비즈니스 우먼이 무척 많지만, 규모가 큰 기업의 고위 경영진 중에는 여성을 찾아보기가 힘들다. 그래도 몇몇 여성들은 새로운 자유시장 체제의 몽골에서 두각을 나타내고 있다. 페트로비스사의 창업자인 J. 오윤게렐은 주요 정유 수입업체인 NIK를 인수했고, 유전을 개발했으며, 보험회사도 세웠다. 그녀는 1995년과 1998년 사이에 다수의 비즈니스 관련 상의 수상자 후보에 올랐으며 몽골 상공회의소가 뽑은 1999년 최고의 여성으로도 선정되었다.

금 광산업체 몽폴리메트사를 창립한 가름자브는 모스크바 국립대학교에서 공부한 후 로마에서 국제 광물 및 계약법을 전공했다. 그녀는 2012년 7월에 몽골인민당 서기관에 선출되었다. 대개 몽골의 여성 기업인들은 정치로 진출하는 경향이 있다.

몽골계 카자흐족인 사울레는 2007년에 몽골인민당 지도부로 합류한 후 2008년에 농식품 및 경공업 부차관이 되었다. 현재 그녀는 몽골인민당 고문실 서기관으로 일하고 있다.

비즈니스 선물

크기가 크거나 값비싼 선물은 금물이다. 중요한 것은 성의 표시다. 여러분 회사 브랜드 제품이나 넥타이, 펜이면 딱 좋다. 몽골에서는 포장된 선물을 받으면 대개는 주는 사람 앞에서 개봉하지 않는다. 일반적으로 호들갑도 거의 떨지 않는다. 선물을 받을 때도 조용히 품위 있게 받는 것이 최고다. 물건을 주고받을 때 오른손으로 하는 몽골의 관습을 따르도록 하라. 통역에게 줄 선물로는 페이퍼백 영어책을 몇 권 준비하고, 혹시라도 몽골 동료의 집을 방문한다면 그 집 아이들을 위해 노트와 볼펜을 준비하면 좋다.

09

의사소통하기

한 몽골 코미디언이 몽골의 농담 주제를 까칠한 시어머니, 비밀 애인, 엉망진창 실수, 늙은 여인, 오래된 농담의 재활용, 트위터와 페이스북 관련 이야기, 술 취한 사람과 경찰관의 대화 등으로 분류했다. 신문에 실리는 만화에는 서로 이야기를 나누는 동물들이 나오는데, 익히 알려진 동화적 캐릭터를 그대로 살리고 있는 경우가 많다. 몽골 사람들은 다국어로 말장난 하는 것을 좋아한다.

언어와 문자

【 몽골어 】

몽골의 공용어는 몽골어이며, 인구의 80%가 할호 방언을 사용한다. 다른 몽골어 방언은 인접국들에서 사용된다. 앞서 살펴보았듯, 몽골어는 우랄-알타이어족에 속하며 터키어와 유사하다. 몽골인 선생님에게 몽골어를 배우면 배우기가 그렇게 어렵지는 않지만, 몽골어를 유창하게 구사하려면 시간이 많이 들고 힘들다.

수세기 동안 몽골어는 티베트어, 만주어, 중국어, 러시아어와 같은 외국어의 영향을 받았고, 지금은 영어로부터 영향을 받고 있다. 그 결과 몽골어 어휘 중에 티베트어의 '람(승려)', 만주어의 '장기(사령관)', 러시아어의 '마신', 영어의 '비즈니스' 같은 외래어가 추가되었다. 한때 러시아어가 필수였던 적이 있었으며, 지금도 구세대에서는 러시아어를 알아듣는다. 현재 학교에서는 영어를 배우며, 가장 선호되는 제1외국어가 바로 영어다.

위에서 아래로, 왼쪽에서 오른쪽으로, 세로쓰기로 쓰는 몽골어 문자 또는 위구르 문자는 13세기에 포로로 붙잡힌 위구르 필경사들이 쓴 글을 바탕으로 개발된 것이다. 이 문자는 수

세기 동안 내려오면서 오래된 서체를 보존한 채 계속 사용되었다. 1930년대에 스탈린은 소련 언어학자들에게 소련 내 소수 언어를 위한 라틴 알파벳을 고안하라는 지시를 내렸다. 부랴트족과 칼미크족을 위한 라틴 문자는 몽골 당국에 의해 채택되었다. 1940년에 이 문자가 막 도입되려고 할 때, 스탈린은 러시아의 키릴 알파벳을 변형해서 쓰는 것이 더 애국적인 일이 될 것이라고 생각했다. 전모음 글자를 2개 더 추가한 키릴 문자는 1945년에 몽골에 널리 도입되어 현재까지 일반적으로 사용되고 있다. 위구르 문자로 기록된 책과 자료는 폐쇄된 기록물 보관소로 보내졌고, 몽골 학교에서 가르치는 것이 중지되었다. 1990년에 민주주의가 도래하면서 위구르 문자 사용이 장려되었으나, 키릴 문자는 계속해서 일상적으로 사용되는 것으로 유지되었다. 세로쓰기로 쓰는 위구르 문자는 지금은 외교 신임장, 표창장과 증명서, 몇몇 간행물, 공공 표지판에서 장식적인 요소로 사용되는 경우가 대부분이다. 논란 속에서 2015년에 채택된 신언어법에 따라 위구르 문자의 사용이 확대될 수 있다. 2003년에 출범하고 2012년에 개정된 로마체 몽골 키릴 문자는 확립된 표준이 되지 못했다.

【 카자흐어 】

몽골의 카자흐족도 카자흐스탄에 사는 카자흐족과 같은 알타이어의 방언을 사용한다. 이들은 카자흐족을 위한 변형된 키릴 문자가 개발되기 전까지는 아라비아 문자를 사용했다. 몽골에서 카자흐어는 공용어가 아니며, 카자흐족은 당국과 의사소통할 때 몽골어를 사용한다. 탄누 우리안하이족(투바족) 역시 알타이어를 사용한다. 이들은 우리안하이가 외몽골의 일부였던 동안에는 문어로 의사소통할 때에는 위구르 문자를 사용했다. 투바어는 1930년에 라틴 문자가 도입되고 1940년에 변형된 키릴 문자가 도입되기 전까지는 문어로는 쓰이지 않았다.

몽골인에 대한 호칭

공식적인 자리에서는 정치인이나 기업인을 호칭할 때 이름 전체에 직함을 붙여 부른다. 가령, 차히아긴 엘벡도르지 대통령, 또는 잔다후긴 엔흐볼드 몽골 대후랄 국회의장이라고 하는 식이다. 이렇게 이름까지 붙이지 않는 경우에는 대개 총리님, 장관님, 의장님, 대사님 등의 직함으로 호칭한다. 'Mr.'에 해당하는 '노욘'은 이름 앞에 붙이고, 'Mrs.'에 해당하는 '하탁타이'는 이름 뒤에 온다. 여기서 주의할 점은 기혼 여성이라도 남편 성을 따르지 않고 원래 성을 그대로 유지한다는 사실이다. 몽골어로 "Ladies and Gentlemen(직역하면 '숙녀, 신사 여러분')"이라고 할 때에는 종종 신사가 먼저 오는 경우도 있다. 영어처럼 숙녀가 항상 먼저 오라는 법은 없다는 뜻이다. "노요드 하탁타이 나르 아!"처럼 말이다.

몽골 측 상대방에게 몽골어로 인사말을 건넨다면 아마 반응이 좋을 것이다. "안녕하세요?"라는 의미로 "사인 바이나우?"라고 물으면 이에 대한 응답은 "네, 잘 지내요. 어떻게 지내세요?"라는 뜻의 "사인, 타 사인 바이나 우?"라고 하면 된다.

이름

몽골에서 개인의 이름을 나타내는 방식은 유럽식 이름과는 다르다. 몽골 사람들의 이름은 3개로 이루어진다. 부족명(오복)이 제일 먼저 오고, 가운데가 아버지의 이름(에츠긴 네르), 마지막에 이름(네르)이 오는 순서다. 각 개인은 마지막에 오는 이름으로 알려진다. 성처럼 공식 문서나 전화번호부, 기타 명단에 쓰이는 것이 바로 이 이름이다. 따라서 '강볼드'라는 이름은 'Mr. 강볼드'라고도 불리지만 그의 아내는 독자적인 이름이 있기 때문에 'Mrs. 강볼드'라고 불리지 않는다. 중간에 오는 아버지로부터 물려받은 이름은 아버지의 이름에 소유격 접미사를 붙여서 만든다. 가령, '수힌 강볼드(Sükhiin Ganbold)'라는 이름이 있다면 그의 아버지 이름이 '수흐(Sükh)'인 것이다. 'S. 강볼드'처럼 아버지 이름을 이니셜로 해서 이름과 함께 표시하면 같은 이름을 가진 사람들을 서로 구별할 수 있다.

【 부족명 】

부족명(오복)은 봉건적이라는 이유로 1925년에 공산 정권에 의해 사용이 금지되었다. 그 대신 65년이 넘는 세월 동안 오복이라는 단어는 아버지의 이름으로 사용되었다. 부족명과 족보가 금지되면서 부족에 대한 기억이 점차 사라졌고 이에 따라 잘못해서 친인척과 근친상간하게 될까 봐 두려움이 커졌다. 그 후 이런 정책과 정반대로 1996년 문화법이 제정되어 정부가 제시한 규정에 맞게 족보를 보존하도록 만들어졌다. 이 규정에 따르면 '시민 여권(국내용 신분증)', 해외여행용 여권, 출생증

명서, 가족등록증, 인구 조사, 기타 등록 양식에는 "모든 시민이 이름(네르), 아버지 이름(에츠긴 네르), 부족명(오복), 이렇게 3개의 이름을 사용해야 한다." 16세가 되면 재등록을 통해 자신의 이름과 오복을 바꿀 수 있다. 자신의 부족명에 대한 기록이 남아 있지 않은 사람들을 위해 부족명 명단이 만들어져서 발간되었다. 각 개인은 1300여 개 부족명 가운데 자신의 가족의 고향이 있는 지방과 맞는 오복을 하나 선택할 수 있다. 몽골의 저명한 우주인 구르라그차는 부족명으로 산사르(우주라는 뜻)를 골랐다. 가장 인기 있는 오복은 칭기즈칸의 부족명인 보르지긴인 것으로 알려졌다.

【 이름 】

몽골 이름(네르)은 근원이 다양하다. 행성, 요일, 꽃, 바람직한 인성과 특징 등을 이름으로 사용한다. 전형적인 남자 이름은 바트(단호함), 강볼드(강철), 투무르(쇠) 같은 것이며, 여자 이름은 나란체첵(해바라기), 오윤(이해), 델게르마(부유함) 등이다. 예전에 미신을 믿는 부모들은 악마의 주목을 받지 않게 하려고 아이에게 '사나운 개(무노호이)'나 '이 아이는 아니다(에네비슈)'라는 이름을 붙이기도 했다. 알탄후(황금의 아들), 바타르 후(영웅의 아들)

처럼 후(아들이라는 뜻)라는 접미사가 붙은 이름도 많다. 이 밖에도 아이가 태어난 요일을 이름으로 붙이기도 한다. 티베트어에서 온 르하그바(수요일)나 바산(금요일), 또는 이에 해당하는 산스크리트어 부드와 수가르(수성과 금성)가 그 예다. 티베트 이름은 종교와 연관된 경우가 많다. 가령, 도르즈(르오-르제, 바즈라, 벼락), 마이다르(마이트레야, 미륵불), 몰롬(몬-람, 축복)이 그렇다. 또한 (도르즈처럼) 오치르 또는 바치르, 에르데네(보물)처럼 산스크리트어를 바탕으로 한 이름도 있다. 몽골의 카자흐족은 이슬람 문화가 반영된 독특한 이름을 가진다. 예를 들면, 아흐메드, 후세인, 술탄뿐만 아니라 세레바이, 호르베트벡, 자르디한처럼 −바이, −벡, −한으로 끝나는 이름들이다.

몽골 알파벳 순서에 따라 명단을 작성할 때에는, 복합어가 없는 단순한 이름(바트, 수흐)이 제일 먼저 오고, 그다음에 하이픈으로 연결된 이름(바트-울, 수흐-에르데네)이 오고, 그런 다음에 하이픈으로 연결하지 않은 합성어 이름(바트볼드, 수흐바타르)이 온다.

【 '성' 】
서구 언론에서는 몽골의 족보와 부족명에 관한 법률에 대해 몽골 사람들에게 "성이 주어졌다."는 내용으로 보도했다. 불행하게도 국가 등록 총국이 국내용 신분증과 여권을 새로 발급했을 때 오복을 부족명과 동일시하지 않고 이전처럼 '아버지 이름' 그리고 영어로 '성'과 동일시했기 때문이다. 게다가 '아버지 이름'은 접미사 없이 인쇄되어 나와서(가령, 강볼드 수흐) 개인 문서에 이름이 2개가 표시되는 모습이 되었다. 몽골의 아버지 이름은 이름 앞에 온다(가령 수흔 강볼드). 반면 영어식으로는 성이 이름 뒤에 온다. 결과적으로 몽골식 이름을 보면 어떤 것이 어떤 이름인지 혼란이 생기게 되었다. 특히 이름 2개가 찍힌 영문 명함을 보면 더욱 혼란스럽다. 영문으로 된 몽골 간행물 중 일부에서는 차히아긴 엘벡도르지 대통령의 이름을 엘벡도르지 차히아라고 표기한 것도 있는데, 이는 몽골에서는 절대로 통하지 않는 방식이다. 한편, 한 몽골 기자는 전직 주미 몽골대사 하스바자린 베흐바트에 대한 특집 기사에서 그의 이름을 일관되게 하스바자르 대사라고 썼다!

유머

몽골의 유머에는 가능성이 담겨 있다. 사회주의 체제 아래에서 당국은 유머를 제도화하고 정치화하려는 시도를 했고 이러한 시도는 부분적으로 성공했다. 민주화 초기에는 몽골을 가난하고 고립된 나라로 묘사하면서 민족주의가 인기 있는 주제가 되었다. 인기 있는 만화에서는 공무원과 잘난 척하는 사람들, 술 취한 사람들을 조롱하면서 오늘날 몽골의 생활상을 19세기 말의 유명한 그림 '몽골의 하루'가 재현된 것처럼 묘사한다. 이후 만화가들은 부패와 공공연한 부, 빈곤층의 고난에 주목하기 시작했다. 정치인을 그린 만화는 이른바 '우호적인 스케치'로 한정되는 경우가 대부분이다. 러시아나 중국의 이미지를 훼손하는 유머는 드물다. 아이러니하게 비꼬는 것은 몽골에서는 인기가 없다.

한 몽골 코미디언이 몽골의 농담 주제를 까칠한 시어머니, 비밀 애인, 엉망진창 실수, 늙은 여인, 오래된 농담의 재활용, 트위터와 페이스북 관련 이야기, 술 취한 사람과 경찰관의 대화 등으로 분류했다. 신문에 실리는 만화에는 서로 이야기를 나누는 동물들이 나오는데, 익히 알려진 동화적 캐릭터를 그

대로 살리고 있는 경우가 많다. 몽골 사람들은 다국어로 말장난 하는 것을 좋아한다. 모리-사르락(말-야크)은 러시아어로 콘-약이라고 하고, 이를 바탕으로 '코냑'이라는 뜻으로 쓰인다.

사회주의 시절, 격주로 발간되던 풍자 잡지 〈톤슈울(Tonshuul)〉은 소련의 〈크로코딜(Krokodil)〉처럼 정치적 선전 도구로 사용되었다. 이 잡지는 자국에서 벌어지는 '후진적' 행태를 조롱하고 서방 국가와 정치인들을 비판했다. 다른 한편으로는 '비공식적인' 유머도 존재했다. 유머 작가들은 몽골의 정식 국명인 몽골인민공화국[몽골어로 북드 나이람다흐 몽골 아르드 울스(Bügd Nairamdakh Mongol Ard Uls, BNMAU)]를 "모두 내 아지트로 가서 보드카를 마시자!(북데레 닐레그 마나이드 마르히 우야, BNMAU)"로 바꾸어 불렀다. 또한 몽골인민공화국을 러시아어로 하면 MNR[몽골스카야 나로드나야 레스푸블리카(Mongolskaya Narodnaya Respublika)]인데 이것을 "모즈흐노 네 라보타트!(일할 필요 없음!)"로 바꾸기도 했다.

• 몽골 농담 •

어린 에네비슈는 등굣길에 고슴도치 한 마리를 발견하고는 책가방에 넣어 학교로 가져왔다. 에네비슈가 선생님에게 고슴도치를 보여드리자, 선생님은 아이들을 모두 불러 구경하게 했다. "여러분, 이게 무슨 동물일까요?" 아는 아이는 아무도 없었다. "다들 알고 있을 걸요." 선생님이 말했다. "이 동물에 대한 시와 노래가 참 많거든요." 그러자 에네비슈가 말했다. "선생님, 그럼 이게 레닌인가요?"

...

한 삼림감시원이 어린 낚시꾼을 붙잡았다. "얘야, 여기는 낚시 금지구역이란다." 소년: "낚시하고 있었던 게 아니에요!" 삼림감시원: "그럼 이게 무슨 물고기지?" 소년: "제 애완용 물고기예요. 물고기를 데리고 나들이 나온 거예요. 이 물고기를 물속에 풀어줘서 놀게 한 다음에 제가 휘파람을 불면 물고기는 다시 돌아와요. 그럼 저흰 집으로 가죠." 삼림감시원: "그래, 좋아. 어디 한번 보여주렴!" 소년은 물고기를 다시 물속에 풀어주었다. 그런 다음 두 사람은 잠시 기다렸다. 삼림감시원: "자, 이제 휘파람을 불거라!" 소년: "왜요?" 삼림감시원: "네 물고기가 돌아오지 않았잖아!" 소년: "무슨 물고기요?"

미디어

【방송】

몽골의 라디오 방송은 사상 지도와 정보 제공을 위해 1933년에 공산 정권하에서 도입되었다. 1967년에 방송 송출을 시작한 몽골 TV도 같은 목적으로 사용되었다. 1990년 민주주의의 탄생 이후 민간 기업과 정당정치 제도하에서 미디어는 다양화되었다. 하지만 MRT^{Mongolian Radio and Television}(국영 몽골 라디오와 TV) 방송국의 역할은 모호한 상태로 계속되었다. 2005년에 채택된 공영방송법에 따라 MRT는 PRT^{Public Radio and Television}(공영 라디오 TV)로 바뀌었으나 여전히 정부의 재원으로 운영되고 있다. 2008년 울란바토르에서 발생한 선거 후 폭동 비상사태 동안,

PRT를 제외한 모든 방송국은 방송이 중단되었다.

몽골에는 142개 TV 방송국과 72개 라디오 방송국이 있다. 주요 방송국은 과거 국영이었던 국립 공영 라디오 TV 방송국으로, 산하에 다수의 라디오 프로그램과 TV 채널 2개를 보유하고 있으며 전국적으로 방송 송출 범위가 가장 넓다. 도시에 사는 사람들은 케이블 방송사로부터 TV 방송을 수신한다. 케이블 방송 가입자 수는 27만 8000명이다(2013년). 시골 지역에서는 태양광 전지에 연결된 위성 방송수신 안테나로 TV 방송을 수신한다.

퀴즈쇼, 팝 스타와의 인터뷰, 영화를 방영하는 TV는 몽골에서 중요한 오락거리다. 뿐만 아니라 TV를 통해 국내외 뉴스도 볼 수 있으며 영어로 요약된 뉴스도 시청 가능하다. TV 방송국에서는 하루 20시간까지 방송을 하며, TV-9은 24시간 방송한다. 이외에도 중국이나 러시아, 카자흐스탄, 일부 유럽 국가의 방송을 볼 수도 있다. TV 방송이 디지털화되면서 아날로그 방송은 2016년에 중단되었다. 현지 라디오 방송국에서는 인기 가요를 많이 틀지만 교통 뉴스와 날씨예보도 방송한다. BBC 월드 서비스 영어 방송은 울란바토르 지역으로 중계된다.

【신문】

요즘 사람들은 대부분 TV에서 뉴스와 코멘트를 접한다. 이에 비해 신문은 교육받은 도시에 사는 독자층을 대상으로 정치와 비즈니스 논평을 제공한다. 일간지 발행 부수와 판매 부수는 무척 적지만, 이런저런 취향을 반영하듯 다양한 신문 종류가 많아서 균형이 맞지 않는다. 대부분의 사람들은 우체국에서 구독 신청을 하기 때문에 이제는 길거리에서 신문팔이를 만나는 일은 드물다. 일부 서점에는 신문 판매대가 있다.

2014년 중반 현재, 몽골에는 123개의 전국 및 지역 신문이 있으며 98개 저널과 잡지가 있다. 다수의 '일간지'는 대부분 매주 다섯 내지 여섯 호를 발행한다. 이들은 민주당, 몽골인민당, 몽골인민혁명당 등 주요 정당의 정견을 보도함으로써 정당정치 체제의 핵심적인 인쇄 미디어 역할을 한다.

판매 부수가 가장 많은 신문으로는 호당 9000부가 판매되는 〈우드린 소닌(Ödriin Sonin, 일간 뉴스)〉과 6300부가 판매되는 〈우누두르(Önöödör, 오늘)〉가 꼽힌다. 두 신문사 모두 인터넷 사이트를 운영한다(DNN과 몽골뉴스). 가장 역사가 오래된 신문 〈어넨(Ünen, 진실)〉은 몽골인민당 소유로, 1920년에 창간되었다. 〈아르딘 에르흐(Ardyn Erkh, 인민의 힘)〉는 웹사이트 www.news.mn

에 링크되어 있으며 영문 페이지도 제공된다.

주간지와 월 2회, 또는 월 3회 발간되는 신문의 수는 훨씬 더 많지만 판매 부수는 더 적다. 이들은 대중지로서, 범죄, 스캔들, 국제 축구, 씨름, 요리, 국내 인기가수와 할리우드 스타들의 생활 등을 다룬다. 지방과 지방 도시에서는 적어도 1개 이상의 주간지를 발행한다.

몽골에서 볼 수 있는 외국 저널은 〈내셔널지오그래픽〉 몽골어판부터 〈이코노미스트〉 같은 영문 간행물까지 다양하다. 영문 주간지로는 몬차메 통신이 발행하는 〈몽골 메신저(Mongol Messenger)〉와 몽골 뉴스가 발행하는 〈UB 포스트(UB Post)〉가 있다. 둘 다 인터넷으로도 볼 수 있다. 몬차메 통신은 러시아어, 중국어, 일본어, 위구르 문자 주간지도 발행한다.

프리덤 하우스*는 몽골의 언론을 "부분적으로 자유롭다."고 분류한다. 그 주된 이유는 정보의 자유 관련법이 부족하고 권력층이 명예훼손법을 남용하고 있기 때문이다. 방송국과 신문사들은 비즈니스 그룹 소유이거나 후원을 받으며, 일부 언론은 정치인들과 결탁되어 있다. 몽골의 2015년 세계 언론자유

* 국제 인권단체 - 옮긴이

지수는 전년도보다 34계단 올라 180개국 중 54위를 차지했다. 이는 당해에 가장 높은 순위 상승으로 기록되었다.

통신 서비스

【 전화 】

2014년 현재 몽골의 일반 전화선은 21만 400개를 기록했는데, 이중 17만 5500개는 울란바토르에 개통된 것이었다. 일반 전화의 전화번호는 6개 숫자로 이루어지고 그 앞에 지역번호로 2개 혹은 3개 숫자가 온다. 울란바토르 지역번호는 11이 일반적이지만 21과 51도 쓰인다. 호텔과 관광 가이드에게 전국 지역번호 목록을 얻을 수 있다. 몽골의 국가 번호는 976이다.

2013년 현재 400만 대 이상의 휴대폰이 등록되어 있는데, 이는 전체 인구 1인당 1대 이상에 해당되는 수치다. 전신주라곤 찾아볼 수 없는 몽골 남부의 사막지대에서 낙타 등에 타서 휴대폰으로 통화를 하는 모습은 이제 낯설지 않다. 여전히 전국적으로 통신 상태가 모두 고르지는 않다. 통신 시장의 선두 주자 모비콤과 유니텔은 GSM 시스템을 사용하지만, 2인자인 스카이텔은 G-모바일과 함께 CDMA 방식을 쓴다. 넷코가 국내 네트워크를 운영한다.

【우편】

몽골에 체류한다면, 호텔이나 회사로 발송되는 우편물을 받을 수도 있고 우편물 배달 보류를 신청해서 중앙 우체국에 가서 받을 수도 있다. 몽골 사람들은 각자 지역 우체국에 개인 우편함을 갖고 있다. 개인 우편함은 수요가 무척 많다. 주소 문제와 우편함 수요가 많기 때문에 휴대폰의 인기가 높다.

우편 주소는 우편함(슈단긴 하이르착) 번호와 지역 우체국 번호(가령, 울란바토르-13)를 바탕으로 한다. 지역 우체국은 임대된 우편함으로부터 우편물을 수거해 가는 곳이다. 현재 다섯 자리 숫자로 된 우편번호를 도입하기 위한 첫 단추가 채워진 상태다. 우편번호는 지방 또는 수도의 지역 번호로 시작된다. 울란바토르의 우편번호는 1이다. 그러면 울란바토르의 수흐바타르 두우렉은 14, 내부순환도로 바가 토이루는 14201이다. 우편함은 건물 입구와 주택 지역에 설치되어 있으며, 어떤 곳에는 전자 열쇠가 달린 소포 수거함도 있다.

【 인터넷 】

2014년 고정적인 인터넷 사용자 수는 76만 2000명으로 추산되었으며, 이들 중 절대다수는 도시(주로 울란바토르, 에르데넷, 다르항, 그리고 일부 지방 거점 도시) 거주자였다. 광섬유 케이블망은 약 1만 7900km에 이르며, 150개 시골 지역 중심국(약 절반)이 네트워크에 연결되어 있다. 울란바토르 주민들은 케이블 서비스 업체를 통해 인터넷에 접속한다. 호텔에는 무선 와이파이 서비스 지역이 생겨나고 있다. 이외에 인터넷 카페도 많이 있다.

결론

몽골이 광물산업을 개발하면서 해외직접투자가 장려되었으며 세계적으로 다른 국가와의 유대관계가 넓어졌다. 힐러리 클린턴은 몽골을 "아시아 민주주의의 횃불"이라고 묘사한 바 있다. 오늘날 몽골은 미국, EU, OSCE, NATO와 정치·경제적 협력 관계를 구축하고 있다. 하지만 동시에 러시아와 중국이 주요 회원국으로 있는 상하이협력기구에 옵서버 자격으로 참가하고 있기도 하다. 몽골의 대외교역, 특히 석탄 수출은 주로 중국과 이루어진다. 대 러시아 수출은 규모가 작으며, 러시아로부터 들여오는 주요 수입품은 기계류와 석유다. 그러나 몽골이 현재 계획 중에 있는 정유 시설이 가동을 시작하면 러시아에 대한 의존도는 줄어들 것이다.

하지만 교통 측면에서 몽골은 러시아와 중국에 대한 의존도가 높다. 그러나 몽골은 이 두 강대국에게는 그만큼 중요한 존재는 아닌 것 같다. 한때는 러시아의 동맹이자 중국과의 사이에서 완충 역할을 했던 몽골이지만 지금은 중국에 의존하고 있는 상황이다. 러시아와 중국의 관계가 회복된 지금, 러시아 입장에서 몽골은 예전만큼 필요한 존재가 아니다. 게다가 러시아와 중국은 몽골을 쏙 빼놓은 채 양국의 유라시아 이해관계를 위해 서로 긴밀히 협력하려고 한다. 2017년에는 몽골이 2012년에 발행했던 '칭기즈칸' 국채의 1차 발행분 5억 달러의 만기가 돌아온다. 그러므로 몽골 정부는 더더욱 타반 톨고이 석탄 광산과 오유 톨고이 동·금 광산을 둘러싼 대내외 갈등을 해결하고 투자와 경제 성장을 촉진시켜야 하는 처지다.

몽골인들은 그들이 이룬 성과를 다른 나라와 비교하면서 자부심을 느낀다. 이와 동시에 유네스코를 통해 몽골의 문화유산을 세계무형문화유산에 등재시키는 방식으로 자국의 문화를 홍보한다. 또한 세계 무대에서 자국의 발전 정도를 보여주는 지표들을 중요하게 여긴다. 소련의 지배 아래에 있었던 시절의 영향이 남아 있기 때문에 몽골 사람들은 지금도 국가의 성공 여부를 평가할 때 가축 수, 석탄 수출, 무역수지, GDP, 휴대폰 가입자 수와 자가용 소유자 수, 인구 증가율, 기대수명 등을 잣대로 삼는다. 2015년 현재 몽골의 인구수는 300만 명을 넘어섰다. 몽골 언론들도 이와 같은 데이터를 자랑스럽게 보도한다. 예를 들면 몽골이 수단보다 기대수명 순위가 5포인트 높다거나, 범죄와 부패 면에서 러시아보다 8포인트 낮다는 등의 데이터 말이다.

다소 비현실적으로 보이지만, 몽골은 자국이 위대한 몽골 세계의 중심지이자 미래의 리더라고 생각한다. 이들은 중국의 네이멍구, 신장과 티베트에 거주하는 몽골인과 러시아의 부랴트족과 칼미크스족, 전 세계에 있는 수많은 작은 규모의 몽골 공동체를 아우르는 몽골 세계를 가슴 속에 품고 있는 것이다. 하지만 역설적이게도 몽골인들은 자국이 유럽 세계의 일원으로 간주되기를 희망하고 있기도 하다. 몽골은 소련화 과정을 거치면서 몽골에 사는 몽골인들이 어느 정도 유럽화되는 결과를 얻었으며, 세계 공동체로 편입되는 것도 훨씬 쉬워졌다.

몽골 국민은 내륙 국가로서 가능한 한 자유롭고 독립적인 상태를 유지하기를 희망한다. 하지만 지속적인 경제 발전을 이루기 위해 고군분투하고 있는 몽골 지도자들은 영원한 두 이웃 국가의 존재와 이들을 존중해야 할 필요성을 국민들에게 다시 한 번 각인시키지 않을 수 없다.

몽골은 세계 속에서 자국의 위치를 자리매김하려는 노력을 기울이는 신흥 제3세계 국가다. 또한 국가 지도자들이 조국의 발전을 위해 노력하겠다는 마음을 하나로 모으기만 한다면, 해외 지원을 받으려는 다른 경쟁국들보다 훨씬 많은 장점을 지니고 있는 국가이기도 하다. 몽골 국민은 꾸준하고 지략이 있지만, 세계화 앞에서 어떤 선택을 해야 할지 다소 경험이 부족한 편이다. 그렇다 하더라도 개인적인 차원에서 이들과 관계를 맺도록 노력하기 바란다. 그러면 몽골 사람들이 따뜻하고, 강인하며, 실리적이고, 적응력이 좋고, 친절하며, 세상에 대해 개방적이라는 사실을 알게 될 것이다.

참고문헌

Atwood, Christopher P. *Encyclopedia of Mongolia and the Mongol Empire*.
New York: Facts on File Inc., 2004.

Batsukh, J. and O. Chinzorig. *Secrets of Mongolian Business Leaders*.
Ulan Bator: Top Secret Newspaper, 2007.

Bruun, Ole. Precious Steppe: *Mongolian Nomadic Pastoralists in Pursuit of
the Market*. Lanham, MD: Lexington Books, 2006.

Danzan, Narantuya. *Religion in 20th Century Mongolia*. Saarbrücken:
VDM Verlag Dr Müller AG, 2008.

Diener, Alexander C. *One Homeland or Two? The Nationalization and Transnationalization of Mongolia's Kazakhs*. Redwood City, CA: Stanford
University Press and Woodrow Wilson Center Press, 2009.

Dierkes, Julian (ed.). *Change in Democratic Mongolia: Social Relations, Health,
Mobile Pastoralism and Mining*. Leiden: Brill, 2012.

Kaplonski, Christopher. *Truth, History and Politics in Mongolia: Memory of Heroes*.
Abingdon: Routledge, 2004.

Pegg, Carole. *Mongolian Music, Dance and Oral Narrative*. Seattle: University of Washington Press, 2001.

Rossabi, Morris. *Modern Mongolia: From Khans to Commissars to Capitalists*. Berkeley,
CA: University of California Press, 2005.

Sanders, A. J. K. *Historical Dictionary of Mongolia*. Lanham, MD, and London: Scarecrow
Press, third edition 2010.

Sanders, A. J. K., with J. Bat-Ireedüi. *Mongolian Phrasebook and Dictionary*.
Victoria: Lonely Planet, third edition 2014.

Weatherford, Jack. *Genghis Khan and the Making of the Modern World*.
New York: Crown Publishers, 2004.

National Chamber of Commerce and Industry, Ulan Bator: chamber@mongolchamber.
mn   www.mongolchamber.mn

American Chamber of Commerce (AmCham) (official affiliate of the US
Chamber of Commerce): info@amcham.mn   www.amcham.mn

Mongolian–British Chamber of Commerce: www.mongolianbritishcc.org.uk Contact
john.grogan@mongolianbritishcc.org.uk

Tourist information offices are to be found at the Central Post Office, Ulan Bator railway
station, and Chinggis Khaan International Airport's Arrivals:
www.welcome2mongolia.com/touristinfo

지은이

앨런 샌더스

앨런 샌더스는 영국 최고의 몽골 권위자이다. 런던대학교 산하 소아즈(SOAS) 교수를 역임했으며, 수년간 BBC 모니터링에서 일한 후, 지금은 몽골의 정치, 경제 상황에 대한 글을 쓰는 프리랜서 컨설턴트로 활약하고 있다.

주간지 〈Far Eastern Economic Review〉에 많은 글을 기고했으며, Lonely Planet의 『Mongolian Phrasebook』을 공동 집필했고, Routledge의 『Colloquial Mongolian』을 집필했다. 그의 저서 『Historical Dictionary of Mongolia』(Scarecrow)는 3판까지 출간되었고, 매년 발간되는 『Far East and Australasia』(Europa/Routledge)의 몽골 부분을 업데이트해왔으며, 온라인 브리태니커 백과사전 몽골 편을 개정했다.

앨런은 현재 울란바토르에 있는 국제몽골연구협회와 인디애나대학교 몽골협회 회원이다. 또한 케임브리지대학교의 몽골 및 내륙 아시아 연구 관련 출판 작업에 기여하고 있다. 영국-몽골 관계 증진에 기여한 공로로 몽골의 북극성 훈장을 수훈했다.

옮긴이

김수진

이화여자대학교와 한국외국어대학교 통번역대학원을 졸업한 후 공공기관에서 통번역 활동을 해왔다. 현재 번역 에이전시 엔터스코리아에서 출판기획자 및 전문번역가로 활동하고 있다.

옮긴 책으로는 『이터너티』, 『언제나 당신이 옳다: 이미 지독한, 앞으로는 더 끔찍해질 세상을 대하는 방법』, 『본질에 대하여』, 『네오르네상스가 온다』, 『레오나르도 다빈치』 등 다수가 있다.